ナカイキしたい二人のための ロジカルセックス

牛山幸
（婚活アドバイザー）

講談社

はじめに

私は、今までに2000人以上の女性の恋愛の悩みに寄り添ってきた中で、性についての悩みも多く聞いてきました。その中で最も多かったものが、パートナーとのセックスでオーガズムに達することができない、という悩みでした。一方で、パートナーとのセックスに満足していると語る女性は、毎回ではないにしてもオーガズムに達することができるし、セックスで《大きな幸せ》を感じています。

日本国内のカップルや夫婦はそれぞれがそれなりにセックスはしているはずです。それなのに、どうしてセックスでオーガズムに達することができない女性が多いのでしょうか？

私がこれまでカウンセリングをしてきた中には、海外の女性も含まれています。

カウンセリングで私は必ずその女性の「性生活満足度」を分析するのですが、日本人のセックスの回数が世界的に見て極めて少ないということを痛感しています。回数が少ないだけでなく、性生活に関する満足度も低い。経済でも弱り気味な日本ですが、悲しいことに世界的に見ても日本はセックス負け組だと言わざるをえません。

私の経験ではセックスレスの女性は、「パートナーとのセックスに不満」と考える比率が6割弱と高く、男性の不満度は2割ほど。女性の方の不満度が大きく上回っています。その理由として、セックスに関する自分の欲求をパートナーに伝えられている女性が少ないのです。

セックスでオーガズムに達することが出来ないということを、パートナーと話し合ったことがあるという女性はひとりもいませんでした。その理由として相手に申し訳ない、雰囲気を壊したくない、とオーガズムに達した演技をしているという女性もいたくらいです。

最近の研究で、オーガズムは脳のパーツにも影響を及ぼすことが分かってきています。そして、ストレス耐性に関わる脳の器官・扁桃体《へんとうたい》の働きをシャットアウトしてくれることで、不安感や痛み、うつ症状などが和らぐこともあるようです。

つまり女性にとってオーガズムは心と身体のメンテナンスにもなるもの。そう考えると、セックスでオーガズムに達することができる女性の方が、より幸せを感じている傾向にあることは納得できますね。

女性がパートナーのことを、いつも自分に快感や幸福感を与えてくれる存在であると認識した瞬間、その人と一緒にいたいと思うようになるし、セックスに積極的になって、安心して心ゆくまで男性に身を任せるようになるのでしょう。

私自身は、セックスの満足度がかなり高い方だと思っていますが、正直なところパートナーのテクニック云々《うんぬん》というよりも、パートナーに対して自分に快感や幸福感を与えてくれる存在だと信頼しているからだと思います。

また、セックスでの快感が生まれるにはお互いの信頼感、そこに至るまでのスキンシップやコミュニケーションが必須だとも感じています。そんな複数の要素が重なって、ひとつひとつ積み上げられていくことこそがパートナーに〝愛されている〟と認識させ、心×脳×身体で感じることができる究極の快感だと私は確信しています。そして、その快感こそ女性にとって至福の時間だと思っているのです。

本書は私が今まで聞いてきた女性の〝生の声〟を集め、世の中のカップルたちがさらに愛し合えるためのセックス理論をまとめたものです。

今回、男性にも分かりやすく伝わるようにロジカルな表現で、ナカイキまでの道のりをまとめてみました。この本は世界中の男性に、女性のことを理解してもらいたい一心で書き上げました。そして、出来るならこの本をカップルで一緒に読んでもらいたいと願っています。

２０２０年9月吉日　牛山　幸

目次

LOGICAL SEX

3

装丁 吉池康二（アトズ）
イラスト 越井 隆
挿絵 ASUKO

第1章

まず、女性の性《サガ》を知ってほしい

chapter 1

世の中の女性は愛に飢えている

私は婚活アドバイザーとして多くの女性に恋愛の悩みを聞いてきました。そして日本の女性が何を考え、何を求めているのかを調査してきました。その中でも性生活にフォーカスし、女性が気持ち良く、最高のオーガズムを経験するためにはどうすれば良いのかをこの本で伝えていきたいと思います。

ズバリ、世の中の多くの女性は、パートナーとのセックスに満足していません。それは、愛撫などのテクニックではなく、パートナーからの愛を感じられていないのです。女性は愛に貪欲な生き物だというのが私の持論です。そう気づいたきっかけは、女性たちが語ってくれたパートナーに対する数々の不満エピソードでした。

愛の足りてないセックス①

デートなので、気合を入れていつもよりも大人っぽい服装にしたのに気づかない。下着もセクシーなものを着けていたのに、下着の雰囲気が変わったことにも気づいてくれなくて、すぐに脱がされて床に投げ捨てられた。下着についての感想を聞きたくて、セックスの後に「この下着どうだった？」と聞いてみたところ、「いいんじゃない？」だけだった。「これって私に興味ないのかな？　目的はセックスすることだけ？」と感じてしまった。

愛の足りてないセックス②

いつもより頑張ってフェラをしてるのに、反応が薄い。こっちは気持ち良くできているのか分からないのに、これじゃ頑張る気持ちにもならない。また最悪なのが濡れてないのに挿入されたこと。たくさん感じて十分に濡れてから挿入されたいのに、愛撫の時間が短かすぎる。もっと挿入の時間を楽しみたいのに、カレのタイミングで勝手にイッてしまう。すべてがカレのペースになっていて業務的なセックスみたいで寂しい。こんなセックスでカレは気持ち良いのかな？　と気になるけど、そういう話もしづらい。私にもっと気持ち良くなってほしい、とか思ってくれていない気がする。

このようなことを女性たちが考え、なぜ、愛を大切にするのかを、男性はまったく理解していません。

セックスは本来、子孫繁栄のためにあるものですが、現代ではパートナーとの愛を確認するためのコミュニケーションとして機能している、と考えているのは私だけじゃないはずです。ただただ、摩擦していることが気持ちいいのではなくて、パートナーを愛している、そして愛されていると感じるからセックスという行為が気持ち良くなる、というのが女性の本音だと思っています。

女性は基本的に自己承認欲求が男性に比べて高いと思います。古くは家を守るために、集団の中でいかに上手に立ちまわるか、これは、女性たちが、生き抜くために備えてきた能力なんだと思います。自分が誰かに選ばれて、必要とされることが生きていくための糧なのです。今の時代に、あまりこういうことは理解されがたいとは思いますが、女性としての根本的なところは、時代が移り変わっても変わらないはずです。

また女性は、想い出をやたらと重視し、それを誰かと共有したがる生き物でもあります。そんなことを感じさせるエピソードを紹介します。

デートで服とかパートナーが覚えていなくてプンプン

初デートで行った記念のお店でカレと撮った写真を、ずっとスマホの待ち受けにしてるのに「あそこの店のハンバーグが美味しいんだって！　行ったことある？」って言われたことがショックでした。記念すべき初デートで行ったお店のことや初デートのこと、全部忘れちゃうんだと思って悲しくなりました。

二人の想い出を大切にできてない彼

なかなか予約が取れないレストランを、カレが予約して連れて行ってくれた。そしてお店のカードをずっと大切に部屋のフォトフレームに入れて飾っていた。カレが家に来た時にそれを見せて「これ分かる？」って聞いたら、「分からない」とそっけない返事。「あなたが私のためにに予約してくれたお店だよ？」と言ったら「そうだっけ？」と返されて、私の中ではすごく大きな想い出だったのに、とてもショックだった。

大事な想い出を忘れたのに逆ギレ

カレの家にお泊まりに行った時、3年ほど前に行った温泉旅行で買ったタオルを使っていてくれたのが嬉しかった。「あ！　このタオルまだ使っているんだ」と聞いたら「このタオル何だっけ？　捨てるのが面倒臭いから使っているんだけど。その時買ったものまで、いちいち覚えてないよ」と言われてムカついた。

こういったエピソードを、女性に対して面倒臭い感じる男性は多いはずです。でもなぜ、女性は覚えているのか？　それは女性が〝感情を大事にする生き物〟だからです。

『男性は結果を重視し、女性は感情を重視する』。この違いが男女間のコミュニケーションを取りあう上の最大の壁となっています。もっと、女性の心の中を理解して、話題を共有することを男性は意識してほしいのです。サプライズなどといった大袈裟なことを期待するのではなく、少しだけ幸せを感じることを言ってほしいだけです。こういう積み重ねがあって、それが女性をオーガズムへと導く道筋となります。なぜなら、愛の先にオーガズムが存在するからです。

世の中の女性は愛に飢えています。これは、どんなに女性が社会進出をして地位が向上し、男性と対等な存在になろうが、不変の心理です。私は男女差別がとても嫌いですが、《男女ならではの違い》は存在すると思います。男性と女性がそれぞれ違う価値観で生きているからこそ、相手のことに興味を持ち、それから恋愛に発展していくものだと考えています。だからまず、男性には女性の性質を理解してほしいのです。

女性はなぜ、愛に飢えているのか？

- 寂しい
  - 生理の影響
  - 忘れないでほしい
- 自己承認欲求
  - 話してほしい
  - 気づいてほしい
- 愛されたい
  - 愛を確かめ合いたい
  - 愛が足りていない

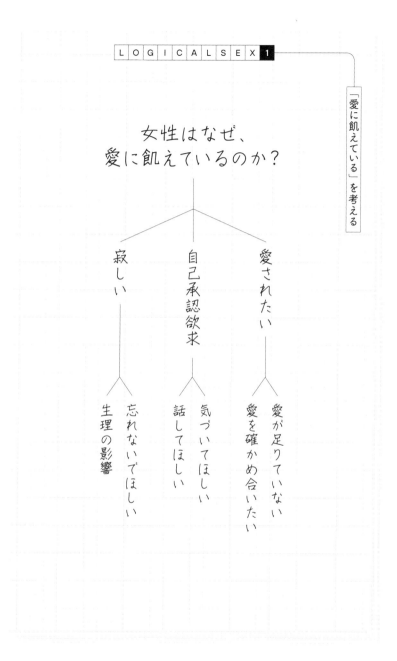

女性には男性にない生理現象がありますよね？　それが女性の気持ちに作用する、原因のひとつでもあります。生理周期によって女性の気持ちに変化が起こることは、女性ホルモンの影響によるものです。生理前は「なんだか憂鬱だなぁ」と感じたり、生理後には「なんだか気分がいい♪」と感じたり、人により、その時によってさまざまです。女性は機嫌がよくなったり、急に不機嫌になったりする生き物なので、それを男性には理解して欲しいんです。不機嫌な気持ちに付き合わなくてもいい。ただそういう生き物だと理解することこそが、女性の性（サガ）を知る第一歩だと考えています。

愛の先にオーガズムが存在する

人間は子孫を残すため以外にもセックスをする唯一の動物です。それは神さまが私たち人間に与えてくれたすてきな宝物です。

一方で男性にとってセックスは〝性欲処理〟のためのもの、という考え方が一定数存在するのは分かっています。そのような性文化は、日本の性教育に問題があると感じています。男性がセックスの手本とするのはアダルトビデオですよね。私もアダルトビデオはよく観る方ですが、その多くはストーリーの中に愛が描かれていない気がしています。稀に描いた作品を観たとしても、そのような場面は早送りして、女優さんの裸や行為自体の映像を観ながらセルフタイムする。ビデオの内容で覚えていることといえば、プレイの内容や女優さんの裸だけ。それを手本として『女性とのセックス』だ、と刷り込まれている男性に〝愛のコミュニケーション〟だとは思えないのもうなずけるところです。

では、どんなセックスなら、女性は愛を感じるのでしょうか？

愛を感じたセックス①

元カレは、前戯がほぼフェラだけで時間も短かったし、イク時もカレのペースでイッていたから、それが普通だと思っていた。でも、今のカレは、前戯にじっくり時間をかけてくれて、キス、愛撫すべての行為がすごく丁寧で優しい。フェラの時に「気持ちいいよ」と頭を撫でてくれたり、行為の最中にたくさん名前を呼んでくれる。イク時も私の名前を呼びながら、「△×、イッていい？」と聞いてくれて、毎回心が満たされる幸せな時です。

本当に感じるセックスとは？

セックスは単なる性欲による本能だけではなく、
愛のコミュニケーションとしても気持ちを確かめるために行います。

①丁寧で優しい

自分を大切に扱ってくれるかどうか、それがパートナーに対しての愛のバロメーターになります。

②じっくりと時間をかける

じっくりと時間を使ったセックスは、自分がその男性にとって大切な存在で、単なる性欲による行為だけでないことが伝わります。

③意思表示をする

愛撫だけでなく言葉で直接愛を伝えることで、パートナーとの結びつきを確認し合えるセックスとなり、快感も増していきます。

セックスにおける肉体的な最大の快楽は、オーガズムまで達することだと思います。そこに至るまでに必ず必要になっていくことは《愛を感じられる》かどうか、です。男性ならば、必ず一度は女性をセックスでオーガズムに至らせたい、という願望がありますよね？　しかし女性は少しだけ異なります。冒頭でお伝えした〝愛のコミュニケーション＝セックス〟こそが女性が心に秘めた考え方だということを大事にしてください。子孫繁栄の本能による性欲だけではなく、二人で互いに快感を高め合うことで、パートナーに対して慈しみの気持ちや、愛おしさを前戯で伝える。その先に《女性のオーガズム》が存在するのです。

心と身体でイケることが究極のオーガズム

心と身体の両方を愛で満たして、至福の時間を過ごす。オーガズムを体験する女性に共通することは《愛で満たされている》ということ。よく、どんな女でも簡単にイカせることができるとか、俺とセックスしてイカなかった女はいない、などと豪語している男性がいますが、そういう人に限って女性がガッカリするようなセックスをする。「こうすれば女性はイクんでしょ？」などのテクニックだけでは、女性を本当のオーガズムに導くことはできないんです。

女性は、愛されていると感じれば、それが性的快感に変わっていきます。〝私はこんなに愛されているんだ〟と心が感じた時に、本当の快感を得ることができる。

愛で満たされ、オーガズムを体験した女性たちの本音を紹介します。

求められることでいつもより感じた

キスをしている時に「今日、ずっと○×とセックスしたかった」と言われて、パートナーが私を求めてくれているんだと感じて、すごく嬉しかった。その後の行為が全部最高に気持ちよくなっていった。ずっと手を繋いでいたり、体中にキスをしながらじっくり前戯に時間をかけて、こちらが十分に感じてからゆっくり挿入してくれる。快感がジワジワと高まってきて、すぐにピストンをしないで挿入の瞬間を二人で楽しむくらいの時間の流れ。この瞬間も「気持ちいい？」と聞いてくれて、優しさを感じる。ピストンが始まったら、すぐにオーガズムに達した。

たくさん触れられることで目覚めた

「今日はマッサージしてあげる」と言われて、オイルマッサージをしてくれることになった。オイルなんて持ってなかったのに、私のために用意してくれていた。私が好きなローズのアロマオイル！「マッサージ全然上手じゃないけど、気持ちよくなってね」と言って、背中から脚からたくさんマッサージをしてくれた。いつもと違うプレイに興奮したのもあるけど、私のためにここまでしてくれるんだという気持ちで、いつもよりも気持ちよくなってオーガズムに達した。

女性は、愛を感じないセックスばかりしていると、だんだんセックスで快感が得られなくなっていきます。それは、セックスでオーガズムに達することはできない、と脳に記憶されてしまうから。セックスでイケないと悩んでいる女性たちは、ほと

LOGICAL SEX 3

「オーガズムまでの心理」を考える

オーガズムに至るまでに何が必要？

- 触れられること
  - 優しい愛撫
  - 思いやりのある行為
- 求められること
  - 言葉での意思表示
  - いつもより丁寧なキス

んどがこの状態です。

私は愛されている、セックスですごく感じる、愛するパートナーとセックスでオーガズムに達すると、同時にこのことを脳が記憶し、快感で満たされる。さらに、パートナーのことを手放したくない、誰にも渡したくないという独占欲が生まれ始めます。充実したセックスを積み重ねていくことで、お互いをもっと大事にしたいという気持ちが芽生え、性生活はもちろんのこと、何気ない日々もパートナーに対して慈しみの気持ちで接することができるのです。

その後、脳に記憶される特別なモノ

セックスでオーガズムに達し、それを脳に記憶させることで、アナタは唯一無二の存在になることができます。そして女性は、時間や場所、経験、感情を〝想い出の記憶〟として覚え続ける能力に優れています。

覚えていてくれた事が嬉しかった

初めての旅行で京都に行った時、立ち寄ったカフェがすごくオシャレでまた行きたいとカレにお願いしていた。3年ぶりに京都旅行へ行った時に、そのカフェで私が白玉あんみつを注文したら「それ、前に頼んでたのと同じじゃん、2回目なんだから違うの頼めばいいのに。しかもあの時、白いシャツにあんこ落として汚れたってテンション下がってたよね。今日は黒だから大丈夫か！」と笑いながら言ったんですが、前に私が注文したものを覚えていてくれたことが、すごく嬉しかった！しかも、白いシャツを着ていたとか、私でも忘れていたことを覚えていてくれたので、この旅行でカレのことがもっと好きになりました。

女性っていろんなことを事細かく覚えていて、相手が忘れていれば怒り、覚えていたなら喜びますよね。それはセックスも同じで、男性とのセックスの時は、頭の中で今までの経験が蘇るのです。セックスでオーガズムを経験してしまうと、もう他では感じることができなくなるくらいの衝撃を、想い出の記憶として刻み込みます。アナタと以上のセックスはこの世に存在しないため、オーガズムを経験させると、アナタの存在が特別なものと記憶され、そして思い出され続けます。

アナタはオーガズムに導いてくれた人として、ずっと脳で記憶され続けるのです。だから、アナタは男性として唯一無二の存在になれるんです。こんな素晴らしいことはありませんね。

脳に記憶させるには、この快感を味わわせるだけではなく、味わわせ続けるのです。快感を味わい続けることで、感度が増していき、その後快楽の扉が開放されます。この時に、女性はアナタの大きな愛を感じ、受け止め、幸せを身体と脳で味わうのです。そしてアナタからのすべての愛撫を気持ちが良い快感として、女性自ら受け入れていくのです。

第2章
究極のオーガズムまでの道のりをロジカルに考える

chapter 2

女性はみんな、基本ドMですw

女性は、〇〇されたいと、常に願っている受け身の生き物です。男性より腕力などは弱いですし、守られたいという本能から、受け身のスタンスになっているのだと思います。

例えば、

①安心したい（守ってもらいたい本能）
②好きな人が自分のことをどう思っているか知りたいけど、自分から行動したくない
③相手の気持ちがわかるまでは、Sっぽい発言や行動をする
④相手に興味がないようなフリをする

⑤自分からは誘わなかったり、誘われても大袈裟に喜ばない
⑥好きな人が仕事で失敗した話とか、人間関係の悩みとか話してくれるとうれしい
⑦自分からセックスに誘わない
⑧相手が私を求めてくれているという安心が欲しい

　このように女性は受け身の生き物です。まず男性はこれを理解してください。本書に書いている内容は、女性の心の底にある願望です。

　なぜここまで受け身なのか？　男性が狩りをして獲物を捕らえ、それを家へ持ち帰る。女性は家で待ち続けるという、動物の生態から来る本能の名残りだと思います。現代になって、社会で男性と同様にバリバリ働いている女性でも、家に帰ればひとりの女性に戻ります。そしてプライベートではドMぶりを発揮し、常に男性にはリードされたい生き物なのです。

なぜ女性はM気質なのか？

昔は男性が狩りをし、女性が集落を守っていたため、
その時代の男女の特性が現代でも色濃く残っている。

①男性は結果重視の思考

狩りなどで目的を達成することが男性の本能にあり、結果を重視する思考となった。セックスも同じで、子孫繁栄が目的になってしまう。

②女性は男性の帰りを待つことが習慣化

家で男性が獲物を捕ってくるのを待つ。自分が食を得るための、受ける側としてのスタンスが女性の受け身気質の根源にある。

③集落で必要とされる存在に

女性は集落で複数の人間と過ごす機会が多く、そこで必要とされるために相手の欲求に応えていく性質を備えていった。

信頼、そこから始まる前戯

女性は、好きな人の欲求に、どんなことでも応えたくなる性質を持っています。むしろ、大変なオーダーであればあるほど燃えてしまう生き物です。相手が誰でもよいわけではなく、自分が尽くしたいと思える男性だけにMっぷりを発揮するものです。

そんな男女には何が必要か？　男性が強引なリードや思いやりのない行動をしては、信頼関係が生まれません。しかし女性は「特別扱い」にとても弱く、時には強引な行動や扱い方も「愛されている」という特別感が生まれてきます。

また、M女はないがしろにされると、気分が盛り上がりません。セックスに突入する前には必ずボディタッチを多めにして、時には意地悪な言葉をかけたり、スキンシップを多めに取りながら、〃大切に可愛がっている〃ことをアピールしていくことが必要です。そこから信頼感が生まれ、スムーズに女性の心と身体を動かすことができます。

女性はセックスにおいて、基本は受け身の立場ですが、信頼を得ていない人のすべてを受け入れられると思いますか？

話を聞いていない男性

付き合って3回目のデートの時に「仕事が休みなのはいつだっけ？」と聞かれた。木曜日と日曜日が休みだって一番初めのデートで話したはずなのに忘れていたので、私のことに興味ないんだと思った。それだけでなく、セックスでも、私がバックの時に痛いと言ったことを忘れていて、バックでしようとしてきたので「こんなセックスは二度としたくない。もうこの人はないな」と一気に気持ちが冷めてしまって別れた。

嘘をつく彼氏

カレと旅行に行ってビジネスホテルに泊まりました。セックスをする時に「コンドーム忘れたから生でもいい？」と聞かれたけど、コンビニで一緒に買ったコンドームの箱がカレのバッグに入っているのを見ていたので、嘘をつかれたことでカレのことが信用できなくなった。コンドームをしないでセックスをしようとして、私のことを大切に思ってくれていないんだな、と思い、その日はセックスを断りました。

ズバリ、信頼失う行為は、

①嘘をつく

②じっくり話を聞かない

一度でも嘘をつかれた女性は、もっと嘘をついているのではないか？　という発想になります。男性にとってはその場しのぎの嘘だったのかもしれませんが、女性はすべてを疑い出します。好きっていう言葉も嘘なのではないのかと。話を聞いてくれないということは、「私に興味がない」のだろうと考えます。どんなにテレビを観たかろうが、趣味に没頭したかろうが、私が一番でないと感じてしまうと、不信感でいっぱいになってしまうんです。

「嘘をつかない」「話を聞いてあげる」。これだけで、あなたへの信頼は上がっていきます。この何気ないことだけでいいのです。

女性に信頼されるには何が必要か？

- 嘘をつかない
  - 大切にしているという気持ち
  - 言葉や行動で示す
- 話をきちんと聞く
  - 相手に興味を持つ
  - 話したことを覚えておく

喜びは〝幸せホルモン〟を増加させる

テストステロンというホルモンをご存知ですか？　一般的に、人間の筋肉や骨格に影響を与えるホルモンといわれていますが、女性にとっては、性欲に関する大きな役割を担っています。最近では「天然の媚薬」とも呼ばれていて、女性の性的衝動に加担し、性欲が増したり、感度が上げるといわれています。女性の性機能障害の一つに性欲障害がありますがこの研究で、性交時にテストセテロンの血中濃度のピークを迎えるよう、あらかじめセックスの数時間前にテストステロンを単回投与した女性は、性的感覚や性欲が有意に上昇したという報告もあります。

私も早速テストステロンを試したのですが、めちゃくちゃ濡れてオーガズムを迎えやすいんですよ♡。皆さんも経験があると思いますが、女性がすごく濡れている時、濡れていない時の差は、このホルモンの分泌の差なのです。

信頼している男性が私を愛してくれている、私を一番に大切にしてくれていると感じることで、女性は幸せな気持ちになり、脳を刺激します。幸せホルモンが分泌されることは、女性にとって最大の喜びなのです。

これは女性にとっては非常に良いことで、恋をする女性は綺麗だと聞いたことがあると思いますが、これには幸せホルモンの影響が大きく関与しています。そのために独りよがりにならずに、女性と一緒に作り上げるコミュニケーションの一つとして、セックスをしてください。

身体に溢れんばかりの潤いを

女性は男性と比べて脳で性的興奮を感じる人が多く、「愛されている」「私だけを見ていてくれている」ということを女性に感じさせることができれば、彼女は幸せホルモンで満たされ〝潤い〟ます。

そもそも〝潤い〟とはなにか？　体内で幸せホルモンが分泌されていくと、コップに水が注がれて溜まっていくように、幸せホルモンも身体に溜まっていきます。それが並々に満ちると、心が潤うのです。潤いは日々の生活を行動的にしたり、考え方を前向きにしてくれる、女性にとっての原動力のようなもの。

美味しいスイーツを食べたり、買い物をしたりしても心は潤いますが、一番は愛のあるセックスで溜まるのです。

いかにリードしながら女性の心も身体も気持ちよくさせるかで、潤い方はまったく違ってくるでしょう。何もテクニックだけが勝負ではありません。アメとムチを使い分け、いつも以上に女性を愛してあげてください。幸せホルモンが分泌している時は、たくさん濡れます。幸せはホルモンはこの濡れにも影響します。

女性が濡れるメカニズムは、生理的な反応で物理的な刺激によるもの、または性的妄想によって分泌が始まり、その成分は血液から漏れる血漿《けっしょう》とされています。特に性的妄想で女性は激しく濡れます。愛で満たされているという自信は、性的妄想を掻き立てて、結果的にいつでもセックスができる準備を、女性側が生理的に整えてしまう状態になります。幸せホルモンでいっぱいになることで、女性は勝手に妄想を始めて自然とセックスに対する欲求が高まります。結果は、心にも身体にもメリットしかないのです。

信頼＋幸せホルモン＝潤い⇓オーガズム

ここの章で話してきたこと、それは愛されていることを女性に実感してもらうこと。セックスに対して受け身の存在である女性は、絶対的な信頼関係にあるアナタにすべてを委ね、心と身体が潤い整うことで、オーガズムまでの扉が開かれていきます。女性の心と身体の仕組みを正しく理解して、二人でナカイキできる至福のセックスまでの準備をしましょう。このロジックは単純な身体だけの摩擦行為ではなく、普段の会話の中や相手に対する愛情表現などが、すべて前戯であるということなのです。

この理論さえ覚えてしまえば、アナタは必ずモテます！

LOGICALSEX 6 「潤い」を考える

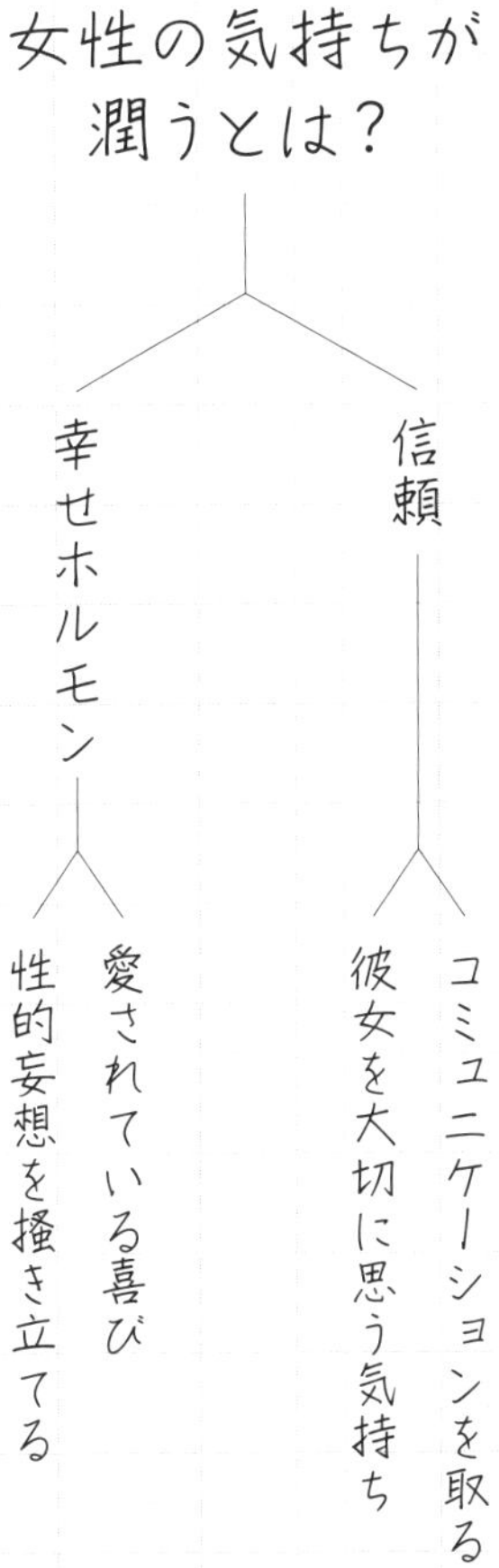

Sachiのつぶやき

1

付き合う前にセックス、のススメ

交際前のセックス、私は大賛成です。セックスしたから付き合えなかったとか、軽く見られたとか、よく聞きますが、交際前にセックスしてもその後発展する人とならするし、しない人とならしません。連絡先を交換する、メッセージのやり取りや電話のやり取りをする、デートをする、会話をする、手を繋ぐ、キスをする、セックスをする。会話のテンポが合わなかったとか、コミュニケーションが上手く取れていなかったとか、セックスをしても感情が高ぶらなかったとか。

自分の気持ちに気づくきっかけになったのがセックス、という可能性はありますが、セックスをしてしまったばかりにダメになるってことはあまりないと思っています。

そもそも、交際前にセックスをする女性は軽いから嫌だとか言う男性って、セックスをするかしないかで軽い女？　って見極めようとしているということですよね。女性の場合も同じで、交際前にセックスに誘ってきたら軽い男、という考え方をしていたら、受け身でしか恋愛が出来なくなってしまいます。相手に誘われるか誘われないか、ではなく自分がしたいかしたくないか、で判断した方が良いですよね。

お互いがしたい！　と思ってセックスをするのであれば、交際前でも後でも関係ないということです。上手くいくものはいくし、いかないものはいきません。自分の気持ちに素直になりましょう！

第3章

“愛するのではなく愛される&満たされる”の法則

chapter 3

女性は五感すべてで満たされたい

女性は肉体的な快感だけでなく、相手の表情や匂いなど五感すべてから快感を得ています。単にセックスを一つの行為として扱うのではなく、視覚、聴覚、嗅覚、味覚、触覚を上手に利用して、気持ちが満たされるように五感を刺激してあげると、特別な快感を感じさせることができます。

例えば耳元で囁《ささや》いて聴覚を刺激したり、いつもと違う香水をつけて行為をしてみたりすれば、いつもと違う感覚を得られるはずです。特に性的興奮を与える感覚は、嗅覚、聴覚、視覚の順番で、この3つが特に大事になります。

《嗅覚》

女性は男性に比べて嗅覚が優れている人が多いです。女性の脳には嗅覚中枢の組織細胞が、男性より平均で43％以上、神経細胞では50％以上も多く存在していることが判明しています。だから、女性は匂いに敏感です。私個人としても一番大事だと感じています。自分の心地よい匂いなのか、瞬時に反応してしまうのです。汗の匂いなんてすぐにわかるので、しっかり洗濯した清潔な服を着てください。

もしも香水をつけるなら、おすすめは「イランイラン」（女性ホルモンの分泌を高める作用がある）、「ジャスミン」（生殖機能を高める香りとして治療にも使われている）、「ローズ」（子宮強壮作用、女性ホルモンを調整する作用があり、不妊やEDにも効果的と言われている）、「ラベンダー」（感情のバランスを整えてくれる作用がある）などです。

《聴覚》

男性の声に魅力を感じる女性は大勢います。特に低い声がよいという意見が多いですが、しかし声色だけでなく、私は言葉を大事にしてほしいのです。男性は言葉の目的を達成するための意思疎通手段と考えていますが、女性は言葉を介した感情の共有を求めます。だから、言葉の一つ一つで感情が大きく動くのです。女性は右脳が敏感で、「好きだよ」という言葉一つでも、言い方やスピード、音量で感じ方が大きく変わってきます。それに低い声での甘い囁《ささや》きがプラスされるなら、男性にとって最高の武器でしょう。でもこれは、万人に出来るわけじゃありません。から、しっかり、愛を言葉で伝えてあげてください。特に抱き合っている時は、耳元で何度も「好きだよ」と囁《ささや》いてあげてください。これだけで、女性は興奮します。

《視覚》

見た目は男性が重視しがちですが、女性も視覚で性的興奮を換気します。まずは清潔かどうかですが、髪型、服装、爪、肌などをセルフチェックしましょう。やはり裸の時はたくましい体に興奮します。これは女性の強い遺伝子を残したい、という本能からくるものです。例外もありますが健康でひきしまった肉体は常に意識してください。特別に筋トレをする必要はありませんが、正しい生活習慣を続けていけば、自然にいい体になります。その上でもっと鍛えたいのであれば筋トレをすれば良いのです。だらしない体をあらためたければ、まずは生活自体を見直してください。

《味覚》

味覚はとにかくキスの時に大事です。女性は行為中に愛のあるキスをたくさんしたいものです。口が臭かったり、舌を絡ませた時に清潔でなければ幻滅します。だから、行為の前は、必ず歯磨きをしてください。常に歯ブラシセットを携帯している男性は好感度アップですよ。

LOGICALSEX 7
「五感で満たす」を考える

五感を利用して女性を満たしてみる

- 臭覚
  - 体臭
  - フェロモン臭
- 聴覚
  - 男性ならではの声色
  - 愛の言葉
- 視覚
  - 健康な身体
  - 清潔な指先等
- 味覚
  - 清潔感のある男性器
  - 清潔感あるキス
- 触覚
  - 手から伝わる体温
  - 触れる強さ

《触覚》

今まで話してきたことを実践できていれば、女性は潤沢に濡れて、準備はＯＫです。あとはオーガズムに導くための愛撫を行っていけば良いのです。後ほどの章で話しますが、直接、女性の感じる部分に触れていくわけです。愛で溢れる愛撫の仕方と、ナカイキしたい二人のための体位を公開します。

共感してもらえることが心への潤い

女性はただただ、共感してほしい生き物です。ハッキリ言うと、男性のアドバイスは求めていません。よいことであろうが、悪いことであろうが、とにかく「そうだね」と言ってほしいのです。この服とこの服どっちがいいと思う？　と聞く時は、聞いている時点で女性の中では、どっちか決まっていて、「こっちがいいと思うよ」と、自分が気に入っている方を言ってほしくて、違う答えを選択すると不機嫌になる。仕事でミスして落ち込んでいる時、「それは君がミスしたのがいけないんだよ」じゃなくて、「そっか、大変だったね、それは落ち込むよね」って言ってほしい。

正直、男性には面倒臭いと思いますw。でも、とにかくうなずいてくれるだけで女性はいいのです。これが女性から信頼されるためのプロセスだと考えれば、割り切って実行することができるのではないでしょうか？

女性が共感してほしいのには、理由があります。自分が言ったことに対して同意してくれるとか、自分と同じ意見なんだという安心感がほしいのです。女性は好きな人と同じものを共有したい、感情も共有したいのです。ご飯を食べに行った時に、「この料理、美味しいよね」と言ったら、「そうだね、美味しいね」という言葉がほしいのに、「そうは思わないなぁ」とか「別に普通だね」とか答える人には、相性がよいと感じません。笑いのツボが一緒とか、自分が面白いと思ったことで笑ってほしいし、自分が綺麗だな、感動したなって思った景色に感動してほしいし、そう思ってくれる人だと安心して、心を開き、心を潤すということに繋がっていきますので、オーガズムまで導くためのベースと考え、割り切って接しましょう。

セックスにおける「愛されている感」の定義

女性にとってもセックスは快感を得るための行為なのですが、それ以上に相手からの愛を確かめる、相手から自分がどれだけ愛されているのかを確認する行為でもあります。女性は、パートナーからの愛をたくさん受けて、幸せな気持ちになって、幸せホルモンをたくさん分泌することによって快感を得て、感じるセックスがしたい！　なんか手抜きな気がする、あんまり愛されてないのかな、私の事あまり好きじゃないのかなと感じながらセックスをしてしまうと、安心感もなく愛も感じないので興奮には繋がらないし、濡れないのです。

女性は、セックスのいろいろな場面で相手からの愛を確認しています。女性たちの話を聞いていると、すごくよかったと言うセックスは、相手からの愛をたくさん感じたセックスだと言う人が多いのです。〝キスの前に私の目を見てすごく愛おしそうに頭を撫でてくれた〟とか、〝正常位で目が合った時に優しく微笑んでくれた〟とか、〝途中で「寒くない?」と言って布団をかけてくれて、布団の中でイチャイチャした〟とか。ちょっとした男性の行動で女性は愛を感じます。そして、私のこと愛しているから、こういうことしてくれるのかな? 幸せだな、安心するな、という感情から幸せホルモンが分泌されて、より深く感じるのです。前戯が短くて男性だけが気持ちいいセックスをしている場合は、私のことを愛してないから、こういうセックスをするのかな、と思ってしまい、パートナーへの不信感に繋がるし、安心感も得られないので濡れません。逆に私のこと愛してくれているから、じっくり丁寧に優しく、自分に対して尽くしてくれているのか、頑張ってくれているのか、気持ちよくしようとしてくれているのか、イカせようとしてくれているのか、これだけ前戯をじっくりしてくれるのかな、などと考えています。

「愛されている感」の心理

愛されているという実感が、どれほど女性にとって重要か。
それだけで身体が反応し、幸せホルモンが分泌され
幸せな気持ちに包まれていく。

①優しくされた

後ろから抱きしめられ、守られていることが安心に繋がり、パートナーに信頼感を持つことに繋がる。愛の始まりである、信頼を手に入れる。

②幸せホルモンが分泌

心地よい安心感に包まれ、女性はそれを脳に記憶し刺激され、幸せホルモンを分泌し、さらに感じる身体に生まれ変わる。

③また、この人に愛されたい

安心感と身体を生まれ変わらせてくれた男性に、その女性は依存していく。そして本当の意味での愛が芽生えていく。

私がイクまでクンニしてくれたとか、そういうエピソードを語る女性は、やっぱり「すごくいいセックスでした！」「めちゃめちゃ幸せでした！」と話をしてくれます。その結果、その時のセックスのことをまた思い出して、それを考えて興奮して、またその人とセックスをしたいと思うのです。この人は私をすごく気持ちよくさせてくれた、すごく愛してくれた、という記憶があるので、もっと濡れるようになります。幸せホルモンの分泌が多いほど、女性はパートナーから〝愛されている〟と感じている目安となるんです。

愛しい気持ちを明確に表現してあげると、女性は愛されていると感じます。セックス中の行動や言葉で「キミを大切に思っているんだよ」っていうことを表現できるとベストです。

満たされることで反応する身体

女性にはパートナーからの愛を感じて、幸せホルモンが分泌されて興奮して濡れるという、感情の流れがあります。しかし濡れる時が必ずしも感じていて、興奮しているわけではないという場合もあります。体質とか体調にもよりますが、防衛本能によって濡れるということがあります。

濡れていない膣内に、男性器が挿入されると痛いですよね？　痛いから自分の身体を守るために、膣内が濡れるという現象もあります。当然、女性の反応もあまりよくないし、本当に女性が興奮して濡れている時とは濡れ具合も違うので、そこは男性も見極めができるでしょう。

また、女性には妄想とか想像で興奮して、より濡れるということがあります。稀にこの人にだったら抱かれてもいいと思った！　と聞くことがありますが、デートの時に男性がすごく自分のことを大切にしてくれた、特別扱いしてくれた、なかなか予約が取れないレストランを予約してくれたとか、すごく景色の良いロマンチックなバーに連れて行ってくれたなど、セックスの前の段階でも特別感を味わわせてくれる男性だったり。また、雨で濡れないように、自分のジャケットをかけてくれたり、大切にしてくれていると感じ、私のことを特別に思ってくれているんだな、と相手に想いを抱いたり。そんな〝この人にだったら抱かれてもいい〟と感じてしまうシーンが、女性には必ず存在します。（もちろんタイプとかタイプじゃないとかも関係してきますが）

そう感じた時には頭の中で、その人とのセックスをある程度想像しています。セックスしたらもっと私を愛してくれそうだと、頭の中でセックスをする前から感じています。前戯はセックスの前から始まっている、と前の章で書きましたが、これ

LOGICALSEX 9
「身体を反応させる」を考える

濡れるほど妄想させる

- 愛してくれそう
  - 言動での意思表示
  - お願いを聞いてあげる
- 特別扱いしてくれそう
  - 他の女性の影がない
  - イベントを大事にする
- 大切にしてくれそう
  - 良く話をしてあげる
  - 合わせてあげる

と関係しています。気持ちを《満たす》ことでその感情を脳に記憶させ、セックスそのものの行為以前から女性を虜にし、それが身体に伝わる。そして幸せホルモンが分泌され、幸せのスパイラルにたどり着くのです。心、脳、身体、どれひとつ欠けることなく満たされた時、もうアナタから離れることはできないでしょう。

Sachiのつぶやき

2

低用量ピルのお話

近年注目されているのが「低用量ピル」。欧米ではメジャーなものでコンドームとは違って、正しく服用すれば99%の確率で避妊効果があると言われています。性感染症の心配がない相手とならコンドームを付ける必要もなく、気兼ねなくセックスが楽しめますよね。

私は、20代前半に生理不順が酷すぎたので、ピルを服用していました。ピルの良いところは、生理日が確実にわかる（ピルの種類にもよる）ので生理周期がかなり安定する。PMS（月経前症候群）が軽くなったり、生理痛が軽くなる（個人差あり）ので、私はピルを飲んでいた頃はすごく安定していました。

しかし、ピルの種類にもよりますが、副作用のひとつに血栓症があります。喫煙者にピルを勧めないのは、血栓症になるリスクが高まるからだと、当時、婦人科の先生に言われました。私はタバコは吸っていなかったけど、当時のカレがすごくタバコを吸う人で、婦人科で血液検査をした時に血栓症の値が基準より高くなっていて、ピルを処方してもらえませんでした。あれがなければ今もピルを飲んでいただろうと思うくらい、私には相性がよかったです。人によっては、気持ち悪くなったり、頭痛などの副作用がある人もいるようです。あとは、毎日飲み続けないとちゃんとした効果が得られません。これは習慣化してしまえば良いことなので、毎月お金はかかるものの私としてはピルはすごくよかったです。

日本では馴染みがない分、女性にとっては少し怖い避妊法かもしれませんが、愛するパートナーとのみセックスをするのであれば、気兼ねなく、より相手を感じられるセックスが楽しめると思います。

第4章
ナカイキまでの扉をこじ開ける6つのレッスン

chapter 4

【前説】

女性の身体を扱う心得

基本的に女性は優しいセックスが好きです。優しい方が丁寧になるから、愛を感じる。激しい愛撫は、アダルトビデオの日本人男性が好きなものにすぎません。それに比べて優しい行為は、じっくり愛撫をしてくれている＝手を抜いていない、という風に感じるのが女性の本音です。

複数の女性の意見を聞いてみても、愛を感じる扱い方をしてくれた男性は、きちんと3つのポイントを押さえているんです。

①優しくタッチをしてくれる人

②優しく舐めてくれる人
③優しい言葉をかけてくれる人

セックスの時に女性に優しい言葉をかけたり、優しいタッチを続けると、女性がパートナーからの愛を感じやすく幸せな気持ちになって、興奮して感じるという流れに繋がります。逆に、激しい行為は痛みを感じたり、雑に扱われていると感じてしまい、女性に不信感や不快感を抱かせてしまいます。それでは幸せを感じないし、興奮もしません。〝時には激しく〟、というセックスは、女性が求めている時にだけにしてください。今回はナカイキを経験したことがない二人のためのレッスンなので、基本は〝優しいセックス〟を心がけてください。

LESSON① 実況系言葉攻め

——乳首に触れずに勃起させて初めて一人前——

「乳首に触れずに勃起」。とても難しいことを言っているとと感じたかもしれませんが、ぜひ、これくらいまでセックスを極めてほしいという、私からの願いです。「言葉」、「ギリギリで触れて焦らす」というこの2つの行為を極めると、気持ちの興奮だけで乳首が勃起します。この2つの行為には女性に「恥じらい」を高める効果があります。女性は裸になる時点で、触られるだけで、声が漏れるだけでも恥ずかしいのです。この恥ずかしさが脳を興奮させて、性欲を掻き立てて、幸せホルモンをどんどん分泌させます。

言葉攻めは好き嫌いがあるんですが、女性が最も受け入れやすくて感じやすい言葉攻めというのが、『実況系言葉攻め』です。自分の身体がどれだけ濡れているか、自分の身体がどれだけ感じているのか、という状況を伝えられたり、感じている顔のこと、身体が敏感に反応している状況とかをパートナーに実況されることで、恥ずかしいけど感じてしまう女性がすごく多いんです。「もうこんなに濡れちゃってるよー」とか「感じてる顔すごく可愛いよ」「すごい身体が敏感に反応してるよ」とか、そういう類《たぐい》の言葉攻めです。

また、焦らす時の言葉攻めもすごく効果的だと思います。「もうすぐ敏感な所を触っちゃうよ」「触ってほしい？」などです。(「どうしてほしいの？」などの質問攻めはあまり好まれない。なんて答えたら良いのかわからないし、それを考えていると萎えてしまう。回答を求められず、言われたことを受け入れるだけなのがよい)

言葉攻めは女性からするとすごく恥ずかしいんですが、自分の身体の状況をパートナーから伝えられて、それが耳から入ってくることで、より興奮を煽《あお》られる。言葉攻めしながら、とにかく「愛してる」ことを耳元で囁いてください。まずはこれ

覚えておきたい、実況系ワード

乳首に触れなくても感じさせてしまう、
前戯と挿入中に囁きたいオススメの実況系ワードはコレ。

前戯

〈前半〉

○綺麗だよ
○感じてる顔見せて
○今日の下着
とっても可愛いね

〈後半〉

○もう濡れてるね
○我慢しなくていいよ
○音、聞こえる?
○ここすごく勃ってるよ
○もっと声聞かせて

挿入中

〈前半〉

○やっと一つになれたね
○入ってるの見える?
○中がすごく気持ちいいよ
○めちゃくちゃ濡れてるね

〈後半〉

○すごく感じてるね
○すごくしたかった
○ここが気持ちいいんだ
○こうするのが気持ちいいんでしょ?

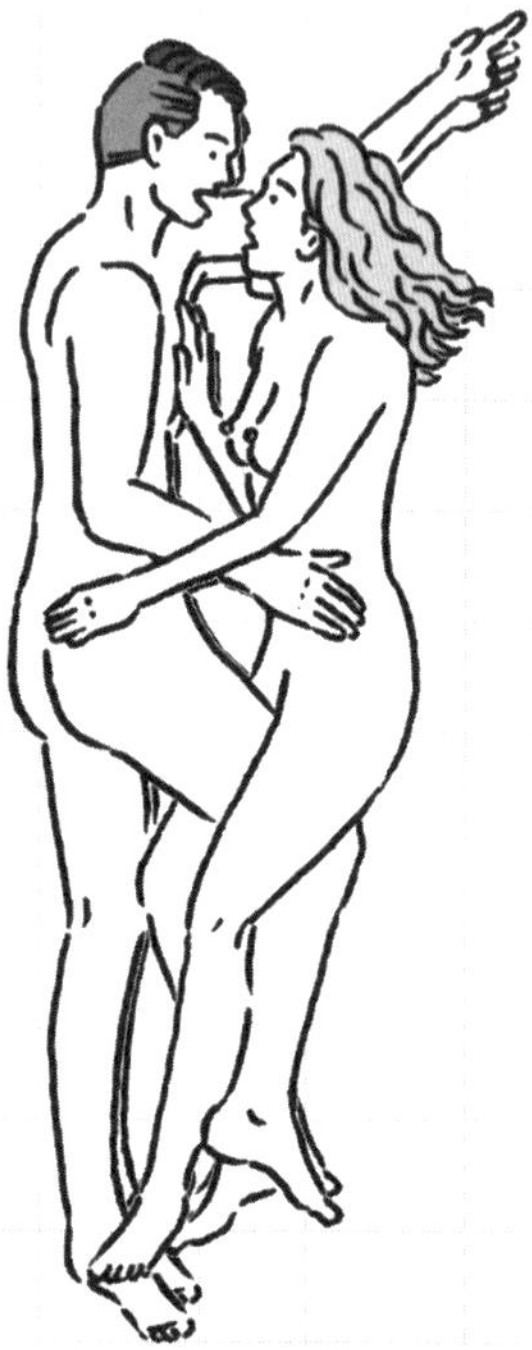

が基本。そして、恥ずかしいことも囁いてあげてください。「今日濡れてるね」とか、「ピクピクしてるね」とか言われると女性は恥ずかしすぎて、そんなこと言わないで、と思うでしょう。でも頭の中に幸せホルモンはドバドバ分泌され、高揚感が増し興奮します。そして脳で考えれば考えるほど、触れた時の快感を妄想してしまいます。

本当に触ってほしくてたまらなくなると、「早く触って」と懇願するでしょう。言葉を使ってギリギリを触れる焦らしは、ぜひパートナーの反応を見て楽しみながらやってみてください。

LESSON② フェーズタッチ

――こちょこちょと快楽の境界線――

女性は、アナタを信頼し、すべてを受け入れる覚悟を持った状態でベッドを共にしています。よっぽど嫌なことをしなければ、アナタのやることすべてを受け入れます。「丁寧に優しく」を意識してください。アダルトビデオのような激しい行為は絶対にNGです。

ここで紹介するのは「こちょこちょと快楽の境界線」というタッチ法です。女性が一番感じる感覚を見極めることが大事で、それを〝フェーズタッチ〟と名付け、強さを分けて、パートナーの一番気持ち良い快感を探す行為としました。これは乳首、耳、鎖骨、背中など女性の性感帯に有効な愛撫法です。

フェーズタッチでの愛撫法

各性感帯にもそれぞれ適切な触れ方があり、個人差による好みの圧もある。それを探し当てるのがフェーズタッチであり、ペッティングによる快楽の序章。

3段階の強さで性感帯を攻める

愛撫の強さを3段階で調整し、各性感帯に合った強さを探していく。一番強めは肌が3㎜ほど沈む強さ(手の母指球を親指で押し、盛り上がるくらいの圧)で、弱めは触れているかいないかのギリギリの繊細なタッチ。

上記の性感帯を順に、フェーズタッチでどの強さが感じるかを調べていき、背中から最良なタッチ圧を探していく。

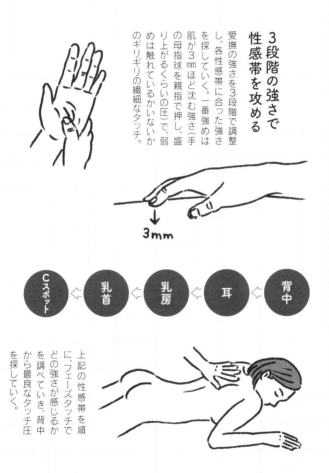

—レッスン—

フェーズタッチのポイント①

繊細さが必要となるフェーズタッチは、
指先の感覚をフルに使って

複数の性感帯が集まり感じる部分が多いので集中的に攻めてほしい

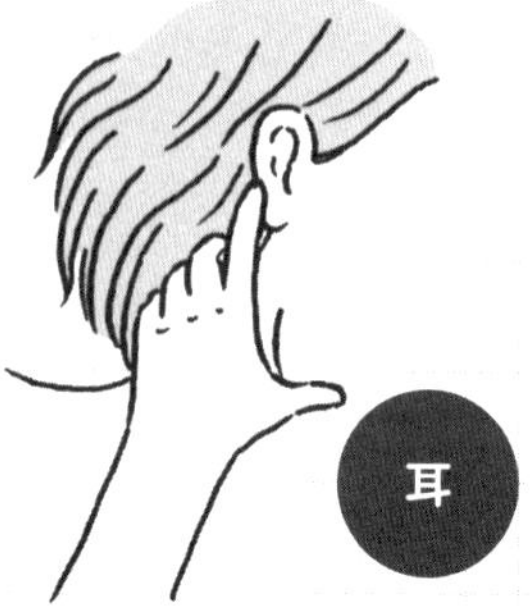

指で触れる前に、愛の言葉を囁くことから始めると、その後のフェーズタッチが活かされてくる。まず、耳たぶから触れていき、徐々に耳の穴を撫でるように愛撫していく。性感帯として敏感な場所なので、触れるか触れないかのギリギリのフェーズで攻めていこう。

揉むのではなく、乳腺を刺激するのが乳房のベストなタッチ法

両ワキの下から各乳房の外側のラインに存在する性感帯、乳腺をフェーズタッチで攻めていこう。手のひらで下から乳房を包み込むように触れて、人差し指と中指を使って指先に圧を感じながら、毎秒1㎝ほどのスピードで動かしてみよう。

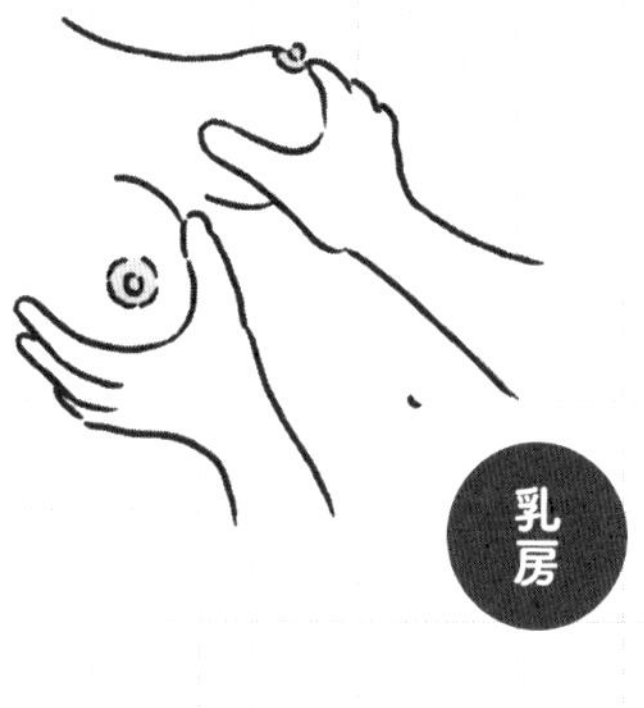

—レッスン—

フェーズタッチのポイント②

触れているかいないかの
ギリギリのラインで攻めてみよう

乳首

フェイズタッチで固く勃起させることが、快楽の扉を開く

女性のとても感じる性感帯の乳首。口で吸うだけでなく、フェイズタッチを使って乳首先端を攻めていこう。焦らしながら触れているかいないかギリギリのラインで圧をかけると、今まで経験したことのないほど、乳首は勃起するはず。

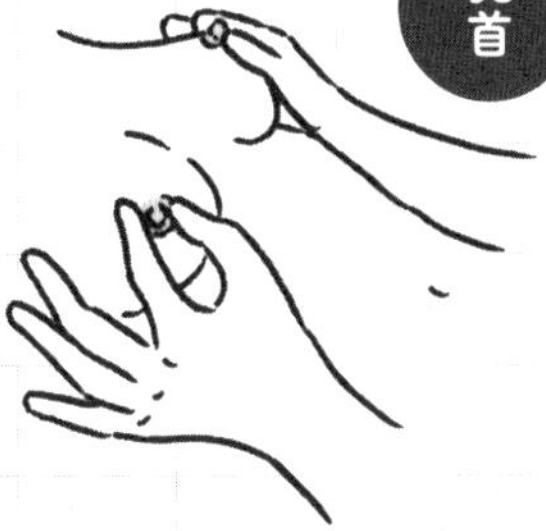

Cスポット

膣口側から上へなぞるように触れてみよう。

Cスポットの先端に指先があたるように、チョンチョンと動かすイメージ。指でCスポットを攻めて、大陰唇をクンニで刺激できるようになればかなりの腕前。

LESSON③ ピールアップ

――Cスポットは扉を開けるための鍵――

Cスポットとは何か？　そう、クリトリスのことです。クリトリスは陰核とも呼ばれ、女性の性器にある突起物です。哺乳類のメス全般に備わっており、発生学的には陰茎、いわゆる男性器に相当すると言われています。簡単に言うと男性器が退化したものだと思ってください。だから興奮すると固くなって、勃起します。

そして男性には必ず知らなければならないクリトリスの事情があります。それは〝クリトリスは皮を被っている〟ということです。ペニスも亀頭を守る皮がありますよね？　クリトリスも同じで、皮に守られています。実はこの事実を知っている男性は非常に少ないのです。これも世の中にセックス教育が行き届いていない証拠です。だから剝いてあげる必要があり、皮を剝いて初めて、クリトリスの扉が開いて一番感じる状態になります。この状態がCスポットの扉を開けるための鍵なのです。男性自身に置き換えて考えれば皮を被った状態の亀頭と、皮を剝いた状態の亀頭、どちらの方が感度が高いかは言うまでもないですね。

剝き方は両人差し指で皮を挟んで、両中指で大陰唇を押さえて下から上に上げる、ピールアップが一番簡単で効率的です。クリトリスの皮は上から下に被さっているので、人差し指で優しく丁寧に剝いてあげてください。触る強さですが、フェイズタッチでその時一番感じている強さを試してください。基本的には優しく触って、徐々にフェイズを上げて、女性の一番気持ちよい強さにしていくことが重要です。理想の強さを見つけたら同じフェイズで、一定のリズムで刺激し続けてください。これでクリトリスによるオーガズムを迎えることができます。

初めてクリトリスでオーガズムに達した

今のカレとの最初のセックスで「イキそう……」って伝えると、カレのテンションが上がり、刺激が強くなったり、スピードが速くなったり。それを強さや速さが変わってしまうとイケなくなること数回。そしてきちんと皮を剝いて優しい刺激とそのままの強さ、一定のスピードで刺激し続けてくれた時にイケたということがすごく幸せでした。

クリトリスでオーガズムに達することができると、この後のGスポットとポルチオという、ナカイキ系オーガズムを迎えやすくなるので、まずはクリトリスでイカせてあげてください。そのためには正しくクリトリスを刺激するため、ピールアップを実践してください。

女性器の各パーツについて

実はクリトリスを正確に愛撫できる男性は少なく、
きちんとした女性器の各所の認識が必要。
女性器の仕組みを理解してCスポットを攻略する。

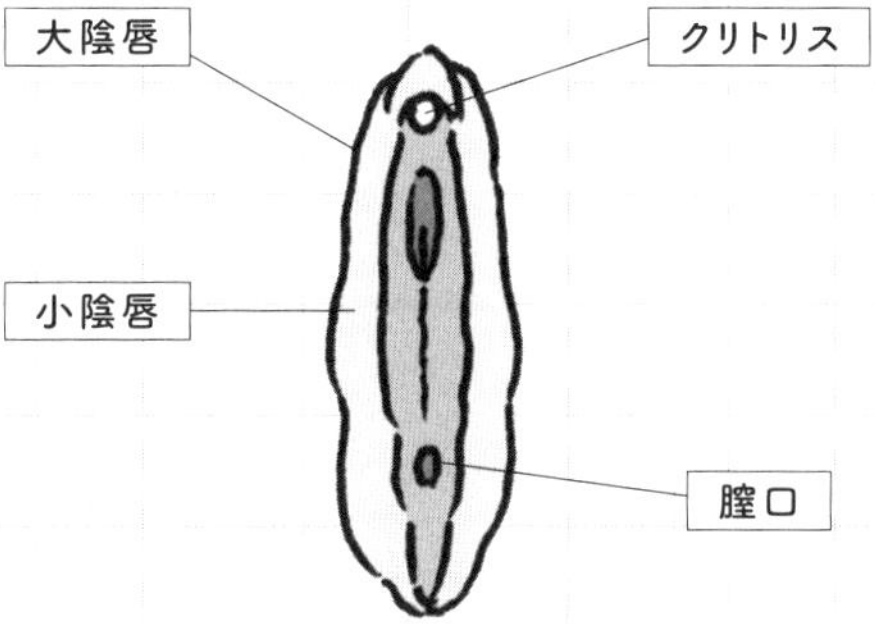

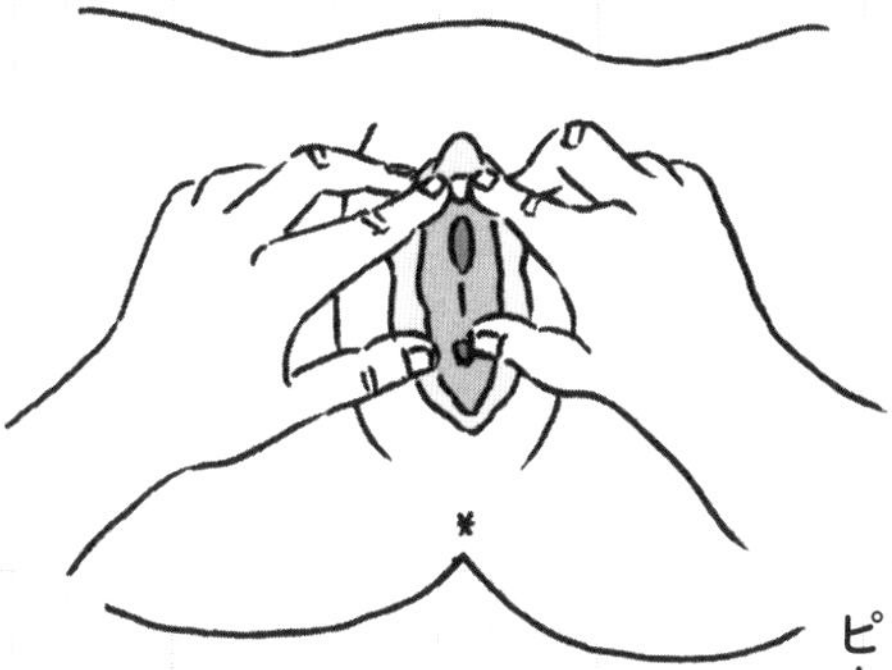

ピールアップとは

両人差し指でクリトリスの皮を挟み、両中指で大陰唇を広げ、さらに挟んだクリトリスをヘソ側へ上げてきちんとクリトリスを剥くことができ、感度が高いCスポット愛撫となる。

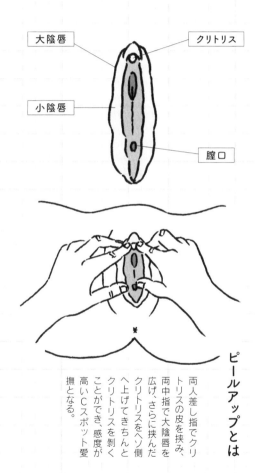

—レッスン—

Cスポットの攻め方

性感帯の大本命、Cスポットの構造を熟知して
効率的に攻める

Cスポット愛撫①

自分でもペニスが気持ちいい触れ方で、Cスポットを触ってみる

Cスポットは男性のペニスのような構造をしているため、男性が自慰行為をしている時に自分で気持ちいいと思う感覚で攻めてみる。皮を指先で押さえて"皮オナ"のように擦ってみたり、ペニスの裏筋をなぞるように触れてみたりしながら、感じるポイントを探そう。

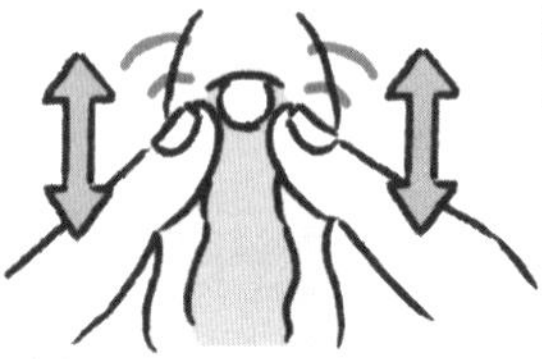

Cスポット愛撫②

Cスポットの先端はデリケートな性感帯なので優しさを忘れずに

もっとも感度の高いCスポットの先端部分、陰核亀頭はデリケートなところ。あまり強い刺激的な愛撫ではなく、優しく触ってほしい。指の先端が触れているか触れていないかのギリギリで、前後に動かしてみよう。

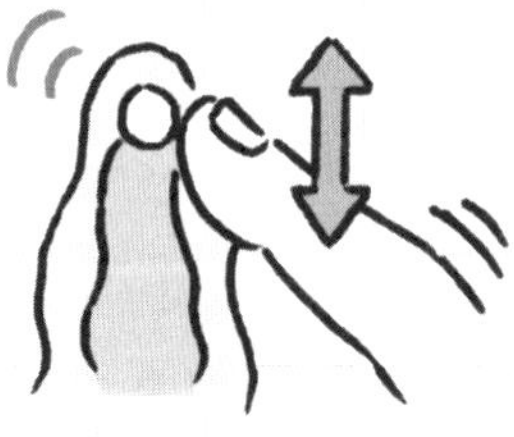

LESSON④

1min《ワンミニッツ》 ペアリング

――我慢する女性を上から楽しんでほしい――

たっぷり時間をかけて前戯を行ったら、いよいよ挿入の仕方です。挿入はナカイキするために非常に重要なので、あわててはダメです。そして女性にとって挿入は、セックスにおけるビッグイベントです。失敗してしまうと今までの行為すべてが水の泡になるので慎重に事を運んでください。

ペアリングとは、挿入してから勝手にピストンを始めない、ということ。「挿入したら、早くピストンして女性を感じさせた方がいいに決まってるじゃないか（怒）」と思うかもしれませんが、それが間違っているのです。『ペニスと膣をペアリングさせる』、これがとても重要なんです。

まず、膣にペニスが入ってくると、女性は本能で異物が入ったと判断します。しかし愛のある愛撫により、心が満たされていると膣がペニスを受け入れ、ペニスの形や大きさにフィットし、ペアリングを行います。このペアリングをしっかり行うことにより、挿入による膣壁の感度を最大限に高めることができるのです。

挿入してずっと抱きしめられると幸せ

私のカレはセックスの挿入の時に、いつも私のことを強く抱きしめてくれます。ただでさえ、大好きなカレの男性器が私の中に入ってくる瞬間は幸せな気持ちでいっぱいになるのに、カレが私を抱きしめてくれると、もっと奥まで挿れてほしいって思うし、ずっとこの瞬間が続けばいいのにって思ってしまいます。セックスという行為自体ももちろん気持ち良いけど、それ以上にカレの愛で包み込まれている気がして、頭の中が幸せでいっぱいになります。カレ曰く、私がこの状態になっていい

る時は、すごく濡れているらしいです♡

ペアリングに使う時間は「1分間」です。挿入後は絶対に1分間動かないでください。この時、ぜひ我慢する女性を上から見て楽しんでほしい。この様子は非常に美しく愛らしい姿をしています。ただしこの1分間は動かないだけでなく、ペアリングをしながら、効果的に感度を上げる魔法をかけていきます。それがキスと耳元での囁きです。繋がった状態でフレンチ・キスから、優しいオトナのキスをしてください。ペアリング中は優しさと癒やしを意識してください。そして耳元で愛の言葉を囁いて、脳内の幸せホルモンを刺激しましょう。名前を呼んでみたり「好きだよ」と囁いてください。一気に膣内がうごめき、締まりに変化が現れます。私は挿入してから動かずに、キスと耳元で囁きを行う1分間を「1min ペアリング」と呼んでいます。この1分間を有効に使うことで、女性をナカイキまで導くことができるのです。

1min ペアリング

異物が入れば、排除を行うのが身体の自然の摂理。
愛する人のペニスを女性器が受け入れるために、
必ずこの1分間を大事にしてほしい。

基本形

挿入後、ペニスを動かさない1分間は、膣が違和感を覚えないための時間。ペアリング中の時間を使ってさらに感度を高めるための行為は3つ。

①抱きしめる

②キスをする

③耳元で囁く

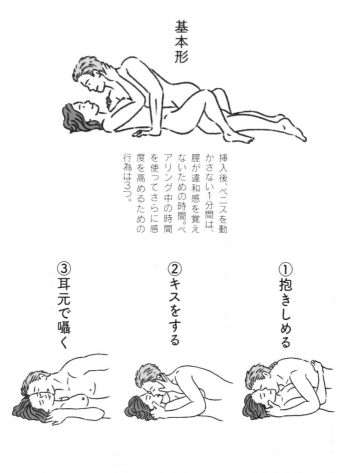

LESSON⑤ Gローテーション

――Gスポットを効果的に使う体位と挿入角度――

よくセックス教本などで言われている、Gスポットとは何か？　女性の膣壁の前方にある部位で、ここは男性でいう前立腺にあたる性感帯と同じです。そしてまた、男性の精液に似た分泌液が出ることが確認されています。具体的には恥骨の裏あたりで、膣に入れた指の第二関節あたりにある、ナカイキに達するための代表的な性感帯となっていて、馴染みのある方もいると思います。

ナカイキがやめられない

最初はなんとなく、Gスポットは気持ちいいなぁくらいの感覚でした。その時は指で刺激されただけだったので、挿入でGスポットが気持ちいいという感覚がイマイチわからなかったです。その後カレが初めてGスポットを刺激するのに特化した体位を取り入れてくれた時に、指で刺激される時よりも100倍くらい気持ちいい感覚に陥りました。挿入でイクなんて想像もしていなかったので、ビックリしましたw。自分でも膣内がどんどん濡れていくのがわかるくらい感じていて、それに興奮してカレもかなり気持ちよかったみたいです。それ以来、このGスポットを刺激する体位になると気持ちいいって、私の脳に記憶されてるみたいで、身体が勝手に反応して毎回ビショビショになります。

私だけでなく、多くの女性が賛同している、最高のGスポットを効果的に攻める体位と挿入角度が存在します。挿入の仕方、3つの体位をローテーションすることで、Gスポットに深く、そして多くの刺激を与え続けるパターンを〝Gローテーション〟と名付けました。3つの体位は、効率の良い体位の変化と、Gスポットへの強い圧をかけられ、一定の刺激でなく多くの刺激を与えることができるものです。

ここで気をつけてほしいのは、突くのではなく、亀頭をGスポットにこすり続けるということです。大きなピストンではなく、小刻みなピストンで、亀頭を常にGスポットに触れさせておくことを意識してください。この〝Gローテーション〟でGスポットに刺激を与え続ければ、女性は必ずGスポットによるオーガズムを迎えます。Gスポットでオーガズムを迎えさせられる男性はなかなか少ないので、セックスで夢中にさせることができます。

Gローテーション

Gスポットを的確に刺激するための挿入角度と、体位のローテーションが肝。
比較的探し当てやすい性感帯であるGスポットで、ナカイキを体験する。

挿入角度について

Gスポットを刺激するため上向きに15°ほどの角度で、陰茎の70%を挿入する。

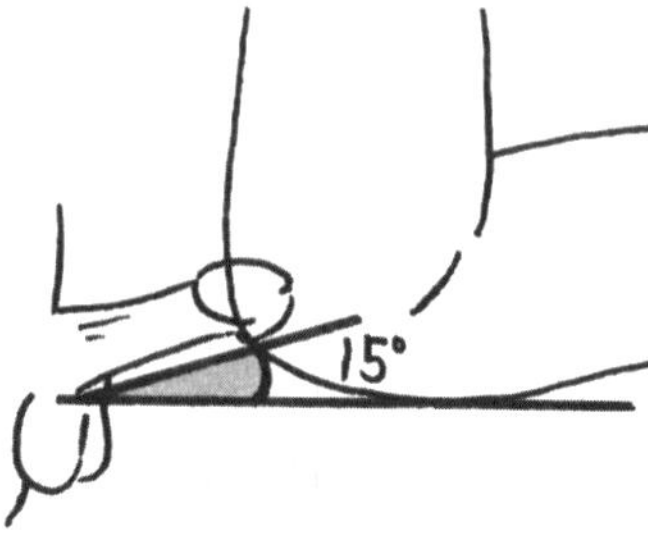

①
枕などを女性のお尻部分に敷き、腰を浮かせての正常位挿入。

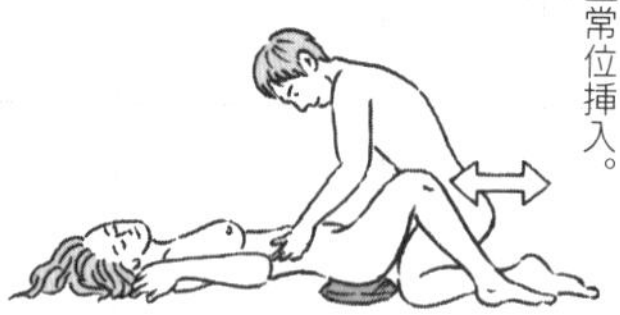

②
女性が手を後ろへつき、腰を反らせてのピストン挿入。

③
女性が股を閉じ、男性が跨りながら挿入し、前後にスライドしながらのピストン。

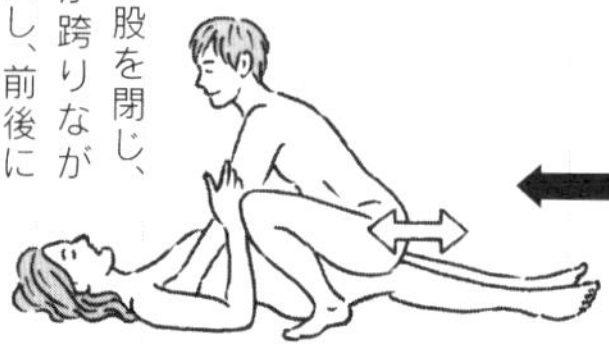

LOGICALSEX 18
LESSON

—レッスン—

Gスポットの攻め方

ペニスの先端にすべてを集中させることがカギとなる

的確にGスポットを刺激しよう

Gスポットの場所は女性によって多少異なるが、膣口より人差し指を入れて第二関節あたりで恥骨側に曲げたところ。指で触ってスポットを確認し、その後ペニスで刺激する。

ペニスの挿入角度を意識する

Gスポットは恥骨側にあるため、正常位での挿入時はペニスを下から上へ動かすイメージが大切となる。ピストンして突くではなく、恥骨に向けて擦ることを意識したい。

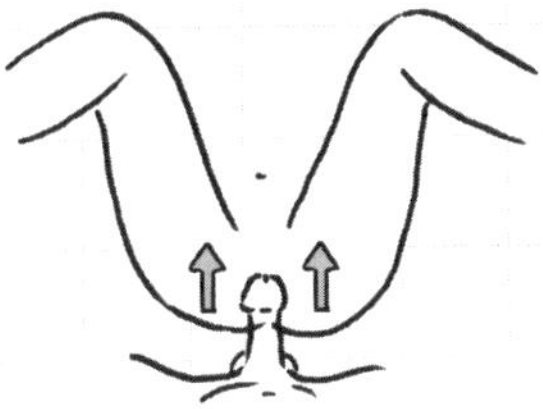

Cスポットも攻める上級技

Gローテーション③の体位でぜひやってほしいのがこれで、挿入しながら指先でCスポットを擦る。これはCスポットとGスポットオーガズム、両方が楽しめる。

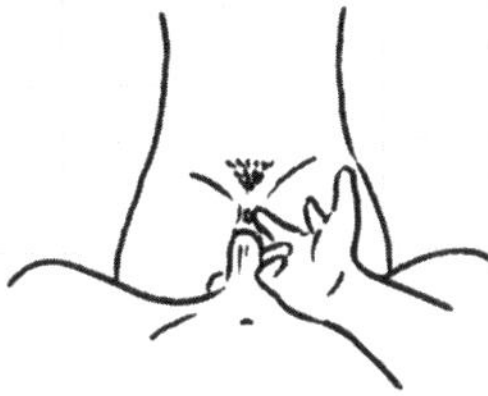

LESSON⑥ Go To TANDEN

——末梢神経の宝庫「ポルチオ」を攻める——

ポルチオが女性にとって、最もナカイキしやすい場所と言われています。私もポルチオでのナカイキはとても感じる場所で、大好きです。最後にここを丁寧に攻められれば、身体も心も絶頂に達して、ナカイキを迎えることができます。

では、ポルチオとは何か？　子宮頸部のうちで膣に突出した部位（子宮膣部）のことで、膣の一番奥に指を入れた時に感じるコリコリっとした突起物のことです。ここは、東洋医学において下《か》丹《たん》田《でん》と言われ、精の気が一番溜まる場所で、末梢神経がたくさん集中する場所です。とにかく女性の性がすべて詰まっている場所で、性欲も感度も一番高まる場所です。だからポルチオをペニスで攻めるということは、女性の精の気を刺激することなので、他の性感帯と比べ物にならないくらいの快感を得るのです。自分のペニスに言い聞かせてください、「Go To TANDEN」と。

ポルチオでのセックスが最高

以前から興味があったナカイキですが、クリトリスではイケるのに、ナカではイッたことがなかったのでカレと必死に勉強しました。

男性器を奥に挿入されただけでピストンしていないのに、身体の中を電流が走ったみたいに感じるんです。脚がガクガクして、正気を保てなくなるくらいの快感でした。このままイッたら死んじゃいそう！　と思った瞬間に頭の中が真っ白になっ

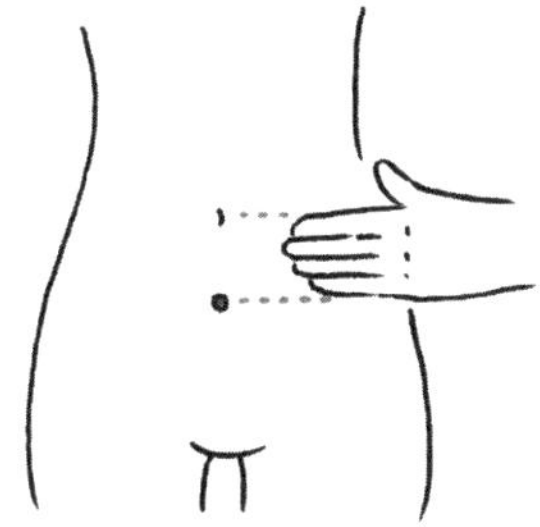

丹田（たんでん）／正しくは『下丹田（かたんでん）』と言い、へそ下3寸に位置する東洋医学では五臓の中心にある気の集中している身体の部位。五臓は人体の生命活動と密接に関係しているためとても重視され、禅や武道などでも心身一如に至るための、大切なポイントともなっている。

て、その後は全身が痙攣《けいれん》してしまって、セックスが終わった後もしばらく立てないくらい、初めて味わった快感でした。セックスの後の脱力感は凄いのですが、それ以上に快感がたまらなくて……。毎回のセックス時は、カレにポルチオ攻めを求めてしまいます。

ポルチオは非常に繊細な場所で、末梢神経がたくさん集まっているので、扱いには細心の注意を払ってください。大きく分けてポイントは2つ。

①丹田に向かうようにペニスの先端を挿入する

②ピストン摩擦でなく圧で刺激する

これが重要です。ペニスの先を丹田に向けて挿入し、ポルチオに触れさせてぐっと圧をかけ続けてください。ピストンではなく、奥に擦り付ける動きです。これを一定のリズムで続けてください。

男性のペニスは摩擦で快楽を感じ、射精します。しかし女性の膣はピストンによ

ポルチオ特化型の体位

女性の究極の性感帯と言われている「ポルチオ」を
攻め落とすことで、パートナーを虜にする。
〝圧〟を制する者がポルチオを制する。

①両脚開き正常位

女性の両脚を開き、恥骨に男性の身体をこすりつけるように圧をかける。

②グラインド騎乗位

女性のお尻を男性が持ち、反らせた上体を支えながら前後にグラインドさせる。

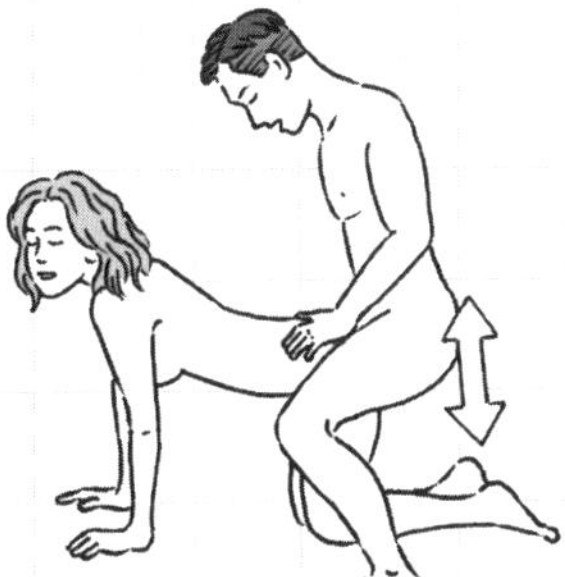

③バックスクワット

前かがみの状態で脚を閉じて丹田に向かって挿入し、膝を軸にして上下に動かす。

る摩擦ではなく、圧によって快感を得てオーガズムに達します。これは非常に重要なことなので頭に叩き込んでおいてください。ポルチオに圧をかける時に重要なことは、ペニスを膣に奥深く入れることです。ペニスをピンポイントでポルチオに当てて、圧をかけ続けてください。

私が体験してきたセックス、そしてたくさんの女性の話をまとめた結果、もっとも効率よくポルチオを刺激し続けられる体位は『両脚開き正常位』『グラインド騎乗位』『バックスクワット』の3つです。これらの体位は通常の正常位、騎乗位、バックを基本として、より丹田に向けやすく、ポルチオを刺激できるものです。この3つの体位は、深く挿入して丹田に向かってこすりつけるように、腰をグラインドさせるのがポイントです。イラスト図解を見ながら、ぜひ試してみてください。

この頁の冒頭でも触れましたが、ペニスを挿入してのポルチオ刺激によるナカイキの快感は、まったく別物と言って良いくらいの最高の快楽です。私自身も頭が真っ白になるほどに乱れ、オーガズムを迎えた後はしばらく動けなくなり、その後、

—レッスン—

ポルチオ特化型体位の動き

女性がもっともナカイキしやすいポルチオを、効率的に刺激しよう

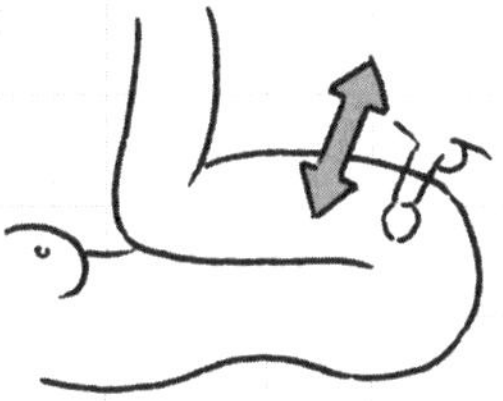

両脚開き正常位

両脚開き正常位は、とにかく奥へ奥へ圧力をかけていく作業が必要となる。重力を使って上からポルチオ部分へ、ペニスを送り込むことを意識しよう。

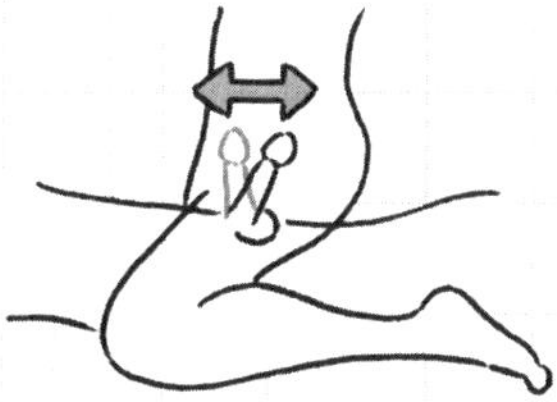

グラインド騎乗位

グラインド騎乗位の場合は子宮口が比較的下りてきて刺激しやすく、ポルチオを刺激するにはおすすめ。ペニスの先で前後に子宮口を刺激するようにグラインドさせていく。

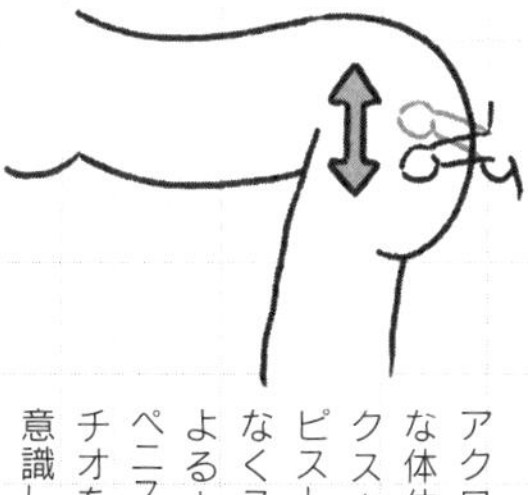

バックスクワット

アクロバティックな体位であるバックスクワットは、ピストンするのでなくスクワットによる上下運動で、ペニス先端でポルチオを擦る動きを意識したい。

幸せな気持ちでいっぱいになります。そして最高の快楽を味わわせてくれたパートナーに無類の愛を感じ、またこの快楽を味わいたい、この人とセックスして良かったと心から思うのです。

私とパートナーの間では、このような至福のセックスをして、オーガズムに達したことを「幸せなナカイキ」略して「幸《サチ》イキ」と名付けています。この〝幸イキ〟を少しでも多くのカップルに経験してほしいんです。そのためには今までお伝えしてきた〝6つのレッスン〟をきちんと理解して、二人で楽しみながら実践してみてください。

第5章
快楽の果てに。心、脳、身体の話

chapter
5

ナカイキの後〝愛のおかわり〟を

ナカイキでのオーガズムを迎えると、脳、心も、身体もも最高の達成感を味わい、放心状態となります。その時に男性はパートナーへ〝愛のおかわり〟をあげてください。この行為が今後、二人の生活やセックスで信頼度をぐっと上げる結果に繋がります。

しかし、絶対にやってはいけないことも存在します。それはセックスの後にすぐ自分自身のことをする。例えば、タバコを吸う、すぐに一人でシャワーに行く、テレビを観るなどの、パートナーをほったらかしにしてしまう行動です。内容はどうあれ、これは本当に最悪で、今までのナカイキオーガズム体験をすべて台無しにしてしまいます。
それでは、どんな行動が〝愛のおかわり〟なのか？

①優しく後ろから抱きしめてあげる

まず、そばで寄り添ってあげることが大事です。優しく包み込んで、あえて後ろから抱きしめてあげてください。それにはもちろん理由があり、セックス後の女性は乱れていて、化粧や髪型、疲れ切った顔など、そんな姿を見せたいと思う女性はいません。それでも大切にされたい気持ちがあり、後ろから抱きしめてあげることで自分の乱れた姿を見せずに済みながら、安心感も与えられている状態です。こんなに簡単でスマートな〝愛のおかわり〟はありませんので、ぜひしてみてください。

②今日のセックスが本当に気持ちよかったと伝える

セックス後の女性は「相手は気持ちよかっただろうか?」と考えてしまいます。終わった後は必ず、とっても気持ちよかったということを、言葉で伝えてあげてください。「今日のフェラがよかったよ」とか、「いつも以上に濡れていて、とてもよかったよ」など。そうすることで女性は承認欲求が満たされ、自分が必要とされていることを実感し、それが幸せで満たされることに繋がります。

③次のセックスの約束

今日のセックスが気持ちよかったら、次回の話をしてあげましょう。「次ももっと気持ちよくしてあげたいんだ」と伝えることで、次回のセックスが楽しみになります。すると、私は〝また抱いてもらえるんだ〟〝この人は私のことが好きで、求めてくれている〟と感じ、アナタからの愛を再確認することができます。後ろから抱きしめられて耳元で囁かれたら、もう次回のセックスが待ち遠しくなります。

このように、セックス後の時間の使い方次第で、二人の今後のセックスライフや、親密度が全然違ってきます。この本を手に取ってくれている男性は、今のパートナーと真剣に向き合っているからこそ読んでいると思っています。それならばぜひ、愛する女性に〝愛のおかわり〟をあげてください。

LOGICALSEX 21
「愛のおかわり」を考える

賢者タイムを活用し女性を満たす

- 後ろからの抱きしめ
  - 思いやりの気持ち
  - 安心感を与える
- 意思表示
  - 特別な存在だと伝える
  - 行為後の気持ちを伝える
- 次回の約束
  - 次への期待感を想起させる
  - 求められていることを感じさせる

幸せホルモンとセックスの関係

幸せホルモンはセックスをすることで、多く分泌されます。性行為を定期的に行うと女性ホルモン濃度が濃くなると考えられていて、セックスは女性にとって良い効果があり、脳だけではなく身体的にプラスなことばかりなのです。

日本ではパートナーといちゃいちゃしない、冷めきった関係の夫婦が多いと言われています。この原因は単純にセックスをしていないことも理由のひとつだと思います。男性側としては、「俺はセックスしたいけどパートナーが応じてくれない！」と言いたくなるかもしれませんが、これはアナタが、パートナーから信頼を得て、愛で満たせていないことがすべての原因なんです。

しかし、本書の〝幸イキ〟ができれば、すべて解決します。セックスは重要な愛のコミュニケーションであり、肉体的にも女性を輝かせる最高の行為なのです。

幸せホルモンが分泌されるセックスの特徴は、愛情を感じて精神的な安心感を得ることと、肉体的な快楽を得ることで、日頃のストレスが溶けていくような特別な時間であること。それによってパートナーへ心を開いて信頼関係を築き、お互いの必要性を確かめ合うことで分泌されていくのです。

お互いの信頼関係がないうえに、性欲に任せての思いやりのないセックスをしていては、女性の心の奥底に虚しさだけを残します。それを続けると澱《おり》のように溜まっていき、女性本来の美しさを奪っていくのです。

本当に信頼できる相手とのセックスであれば、脳から〝気持ちいい〟と感じる〝幸せホルモン〟がたくさん分泌されます。セックスはパートナーと作り上げる愛のコミュニケーション。それゆえ、最高に輝けるような幸せホルモンを分泌させるためには〝快感を分かち合える〟お互いへの信頼が必要なんです。

ナカイキを経験した後の女性の身体の変化

ナカイキでのオーガズムを経験した女性は、オーガズム時の感情を脳が記憶し、肉体的快感を身体に覚えさせます。脳と身体がその時の感情と快感を忘れられなくなる、と言う方がわかりやすいかもしれません。そして、またセックスを求め、回数が積み重なっていくと、身体はオーガズムを迎えやすくなります。また女性にとってのメリットとして、ホルモンバランスも整い肌の調子が良くなるとか、生理不順が治ったなどと身体の変化について話してくれた女性もいました。

ナカイキして身体が変化

彼氏がいない2年間、セックスとはまったく無縁の生活でした。仕事も忙しくて、ほぼ会社と家の往復だけ。そして、久しぶりにできたカレはセックスに対して貪欲で、私が感じることをすごく追求してくれる人でした。セックスってこんなに気持ちよかったんだと、今までどこかに置き忘れていた女性としての自分を再確認し、4回目のセックスでナカイキを初体験しました。気持ちがいいを通り越して、意識が飛びそうでした。それからはセックスの時に毎回ナカイキしてしまいます。

そして、身体に変化があったのが、今まではハリがなくてしぼんでいるようなバストが、元のサイズよりもアップしてなんだかいい感じだし、何よりも生理が毎月安定してくるんです。排卵日が近くなると、いつも以上にセックスがしたくなるし、自分の身体が女性としてと機能しているんだと実感しています。ナカイキをさせてくれたカレのお陰で、女として幸せな日々が送れています。

セックスがしたいと身体が欲するのは、ナカイキの記憶がよみがえり、脳と身体が想像と妄想で、今まで以上の興奮を覚えるからなんです。「あーまたあの快感を味わえる」と。

ナカイキを経験した女性は、信頼による安心、幸せホルモン、そして快感が上書きされて、潤いにつながっていきます。この一連の流れは脳内に記憶されて、さらに幸せホルモンの分泌を促し、今まで以上の潤いを身体にもたらし、感度も性欲も数倍以上あがります。そして身体が余計に反応して、感じやすい体質になるのです。

ナカイキを経験した人は、オーガズムに達しやすくなるって聞いたことありますよね？

ナカイキできて心も身体も幸せ

私は、ナカイキを体験してから、嬉しかったことが2つあります。ひとつはパートナーがすごく喜んでくれて、セックスの時の二人の満足度が、かなり高くなったことです。もうひとつは、私自身は実感がないのですが、パートナーに膣の締まりが良くなった、と言われることです。

ナカイキすると気持ちよくて、ついつい身体がビクビクしてしまうんですが、膣内もビクビク動いているみたいなんです。パートナーはそれが気持ちよすぎると喜んでくれていて、その時の私の膣内の変化やイカせたことによる征服感で、今までより気持ちいいと言っています。今では、本当に幸せなセックスをしていると実感しています。

これらの女性はよく言われる『開発済み』ということです。これはナカイキの記憶という最高の興奮剤を身体に宿してしまったからなんです。それを経験するだけで女性の人生や世界観は変わり、もっと感度が増して愛に満ち溢れた身体に進化を遂げるのです。それがパートナーであるアナタにも、女性側から〝無償の愛〟という形で、必ず返ってきます。そして女性は、ナカイキを初めて経験させてくれたアナタに絶対的な信頼と慈しみを持つ、理想の女性になっていきます。

心＋脳＋身体すべてを虜にするということ

ロジカルセックスとは、

信頼（前戯）

＋

愛で満たす（脳を幸せホルモンでいっぱいにする）

＝

濡う（性欲、感度が増す）

⇦

オーガズムに達すること。

この流れを正しく理解して、理想のラブ・ライフを送るための理論です。信頼を得ることで心を、幸せで満たすことで脳を、ナカイキさせることで身体を、この3つでパートナーに依存させてしまうこと。相手の心や脳内の幸せホルモン、快感を高める攻め方とテクニック、このすべてを揃えることで、パートナーがアナタに夢中になることとなのです。

そしてナカイキするということはセックスで相手はアナタの虜になり、そしてセックスで絶頂を迎えることができる人とめぐり合えたということなのです。これは究極の幸せだと私は思います。世の中のほとんどの女性はオーガズムを迎えることもできず、パートナーの虜にもなれず、満足いくラブ・ライフを送れていないのです。

ロジカルセックスを体験してみて

私がロジカルセックスを体験して、毎回ナカイキするようになってから、パートナーも今まで以上にセックスが気持ちよくて、楽しくなったみたいです。そしてセックスの回数もかなり増えました。

カレ自身も自分とのセックスで私が毎回気持ちよくなっているのを見ると、気持ち的に満たされるみたいです。身体が気持ちいいだけでなくて、精神的にも満たされていくセックスができる日が来るなんて、思ってもいませんでした。

パートナーからの愛を今までよりも強く感じているので、日常生活で前よりも優しくなったと言われます。私も、パートナーが前よりもすごく男らしくなったように見えるんです。前よりも好きになったというか、ロジカルセックスを機に、愛を再確認できたような感じです。今までよりセックスが充実している分、お互いがより魅力的に見えるようになりました。

依存という言葉を使うと悪いイメージを持ちがちで使うことに躊躇《ちゅうちょ》しますが、愛する人に幸せの依存をされることは、最高の幸せなのでは、と思っています。

そんな幸せな女性をたくさん増やしたい。だから今回、本書を企画し、たくさんの男性に女性のことをもっとわかってほしい、たくさんの女性に共感してもらいたいと想いを込めて書きました。最後まで読んでくれた男性のアナタにはパートナーとのとても素晴らしいラブ・ライフが待っています。二人でワクワクしながらロジカルセックスを実践して、幸せな日々を過ごしてください。

おわりに

日本はセックスレスのカップルの割合が高い上に、セックスに対する女性の満足度も低いですよね。そして、オーガズムに達したことがある女性はとても少ないのが現状です。

なぜ、私がこんなにも女性のオーガズムにこだわるのか？　私自身が昔はセックスでオーガズムに達したことがなかったからです。その頃の私とセックスでオーガズムを体験した今の私とでは、セックスに対する満足度も違うし、女性としての幸福感も確実に上がった、という経験からなのです。

過去の私がなぜオーガズムに達することができなかったのか。そもそもセックスでイクことなんてない、と思っていたからです。当時の私は、相手からの愛にすごく飢えていたんだと思います。大好きなカレでしたが、前戯をあまりしないまま挿入をして、すぐに射精してしまったり、じっくりキスをする時間もなかったり、そんな感じのジャンクセックスでした。

私をもっと気持ちよくしてほしいとか、前戯の時間を長くしてとか、イカせてほしいとか、そういうことよりも、もっとキスしてほしいとか、抱きしめて欲しいとか、愛の言葉が聞きたいとか、そういう想いでした。カレとのセックスでオーガズム？ そんなことは想像もしていなかった。とにかく愛を確認したかった。不安だった分、私はフェラをめちゃくちゃ頑張っていました！ 気持ちいいって思ってもらえたら、もっと私を必要としてくれるかな？ もっと私を愛してくれるかな？ という想いが強かったんです。

でも、カレの気持ちがよく分からなくて……。私がフェラをしていることで、気持ちいいって思ってくれているの？ 満足してくれているの？ それすら分からなくて、今考えるとよく不満が爆発しなかったな、と思うのですが、当時はそれが普通です。いつも寂しくて、もっと愛が欲しいって思いながらするセックスはとても悲しかったです。

今までいろいろな女性とお話をしてきて、セックスに対して過去の私みたいな考えを持っている女性が多いことに気づきました。セックスではイケないことがあたりまえ、とか、パートナーが満足しているか分からない、とか。「パートナーとは普通にセックスをしているけど、お互い満足しているかどうかは分からない。まぁ、それなりに気持ちいいのかな？」「たぶん交際は順調だと思うけど、そもそも自分たちのセックスのことって、パートナーと話せるものなんですか？」「セックス中に愛の言葉を伝えてくれる男性なんているんですか⁉ 出会ったことないｗ」こんな風に語っている女性が大半でした。

彼女たちは、満足していないセックスが普通になっていて「セックス＝それなりのもの」みたいな考えになってしまっているんです。そしてセックスでオーガズムを経験すると、セックスってこんなに気持ちいいものだったの？ 女性に生まれて来て良かった！　女性として最高に幸せです！　というふうに変わっていきます。

セックスでパートナーからの大きな愛を感じて、心が幸せで満たされ、身体も快感でいっぱいになる。そして、オーガズムに達する。しつこいかもしれませんが、これって本当に女性にとって最高に幸せなことだと思っているんです。今回は、セックスで女性がオーガズムに達するために、男性に知っておいてほしい女性心理や身体のことについてお伝えしましたが、まだスタート段階です。女性の体内のホルモンバランスや、効果的なカップルタイムグッズの使い方。女性をオーガズムに達しやすくするための栄養素や暗示。まだまだ実はたくさんあり、オーガズムには無限の可能性があるのです。

私は婚活アドバイザーでもあり、アダルトグッズ評論家でもありますが、日本の人々にオーガズムの素晴らしさをＹｏｕＴｕｂｅでお届けする、パイオニアでもあると自負しています。オーガズムは本当に心にも脳にも身体にも、すべてにプラスに作用します。だから、どうしても多くの人にこのことを届けたい。

女性の心と身体は複雑で、他にもお伝えしないといけないことが山ほどあります。

これから私は、ＹｏｕＴｕｂｅなどで女性のオーガズムに関してもっといろいろなことをお伝えしていこうと思っていますし、これが私の責務だと思っています。

そして女性の幸せを応援することが、結果的に男性の幸せを応援することに繋がると思っています。今後もセックスについてもっと素晴らしい情報をお届けし続けていこうと思います。

これが私の生きる使命なのだから。

Happy love life♡

付録

幸せを呼ぶ〝カップルタイムグッズ〟使い方指南

ローター

振動が弱めでサイズ自体もコンパクト、電池で動くものが多いので、料金も500円ぐらいから購入できる入門者用のグッズです。なかでも有線タイプのピンクローターが定番で、乳首やCスポットをピンポイントで刺激できる、初心者でも取り入れやすいアイテムですね。

私のオススメの使い方としては、普通にローターを直接Cスポットに当てるだけでなく、下着を脱がさずに着たまま、下着の滑りを利用して刺激を楽しみます。下着越しだとローターがよく滑るので、Cスポットに当てて楽しむと、いつもとは違った刺激が楽しめると思います。

また有線タイプのローターの場合、本体ではなくてコード部分を持って、振り子みたいに揺らしながらCスポットを刺激すると、手で直接当てるよりもローターの動きが不安定になるので、その動きを楽しむというのも良いと思います。

ローターを挿入する場合の注意点としては、ほとんどのローターが挿入することを想定して作られていないので、本体とコードの接続部分に皮膚が挟まると、女性が痛いんですよね。ローター自体を挿入する時は、コンドームを被せるなど対策をするか、接続部分にカバーがついてるローターもあるので、そういったものを選んで楽しんでください。

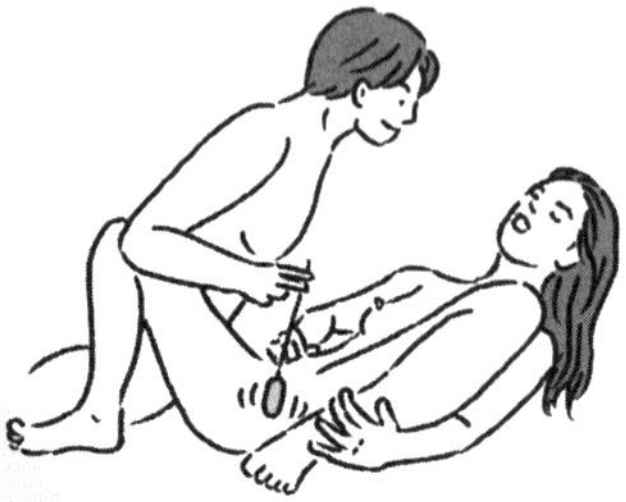

ローターの振動によって、不規則な動きをするところがGOOD。Cスポットに触れるか触れないかの、ギリギリの圧で攻めてみよう。

下着の滑りを利用して、万遍なくCスポットを刺激できる。濡れていることも下着を通して分かるので、それを実況してみると効果大。

バイブレーター

乳首やCスポットの刺激にも使えますが、多くのローターと違い膣内に挿入することを考慮して作られているものです。バイブレーターは、太さ・長さ・素材も種類が多数あり、ストレートタイプのバイブレーターは、本当にただの棒状のものです。カーブとか反りもついてない、シンプルでストレートのタイプの方が、バイブ初心者さんには、いいんじゃないかなと思います。

挿入時はゆっくりゆっくり動かしてあげてください。急に入れると痛かったり、気持ちも盛り上がらないので、ゆっくりゆっくり挿入しながら、膣内の天井の方に向けてくださいね。始めは手でゆっくりと出したり入れたり動かします。その後に、振動する機能を使ったり、Cスポットも同時に刺激してみたりすると気持ちいいです。また、バイブレーターは、冷たくはないけど少しヒンヤリします。あたたかくなることで、女性の感度も上がるので、人肌ほどにしてから使ってみてください。

オススメの使い方は、女性が立っている状態で男性が下から挿入するスタイルです。男性がバイブレーターを持って仰向けに寝た状態で女性がまたがり自ら挿入していくっていうやり方です。ちょっと刺激的じゃないですか？　女性が自分で気持ちのいい角度で挿入していくことができるので、この使い方はすごくハマります！　是非、この挿入法を試してみてくださいね。

女性自身の好きな挿入角度で楽しめるのがポイント。また、淫らなプレイでもあるので感情的にも興奮度が高い。

ローション

女性が濡れにくい時や、滑りを良くして刺激しやすくする時などに使用します。もちろん男性器につけて楽しむこともできますよ。ローションは滑りを利用して愛撫による刺激を楽しむものなので、挿入時に使うのであればゼリータイプがオススメです。また、ベタベタが気になる人には、拭き取りやすくて後処理も簡単で、滑りが良くてベタつかない水溶性のローションがオススメです。

ローションは、乳首やCスポットだけじゃなく、身体をマッサージするように使うと気持ちいいので、お互いの身体に塗って擦り合わせましょう。使いたい部分にだけ直接つけるパターンもありますが、思い切って二人で身体全体でヌルヌルを楽しむのも刺激的で楽しいですよ。背中から腕、腕から胸、胸からお腹、お腹から脚など、感度を高めながらお互い気持ちいいところを刺激します。またプレイの一種でもある『素股』も、ローションを使うことでできる愛撫です。

温感ローションというのがあり、最近ハマっているんですけど、あったかくてじわじわと感度が上がっていきます。もちろん女性器につけても気持ちいいんですけど、男性器にも塗ってお互いジワジワと熱くなるのを楽しんでから挿入してみてください。

ローションは気温が低いと冷たくなります。冷たいものを塗って、身体が冷えて寒いと感じると女性は感度も落ちやすく、セックスどころではなくなるので、ローションプレイをする時は、部屋の温度に気をつけてください。

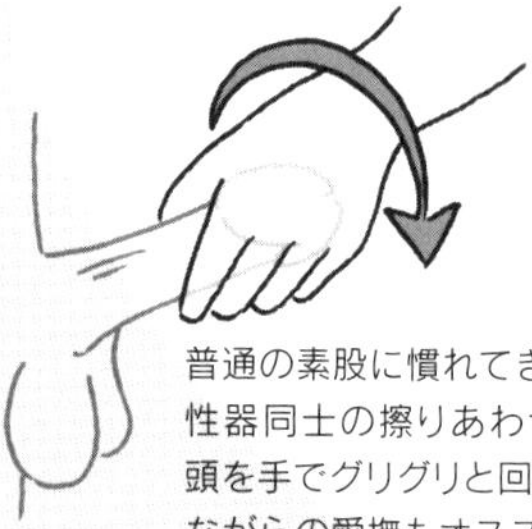

普通の素股に慣れてきたら、性器同士の擦りあわせ＋亀頭を手でグリグリと回転させながらの愛撫もオススメ。

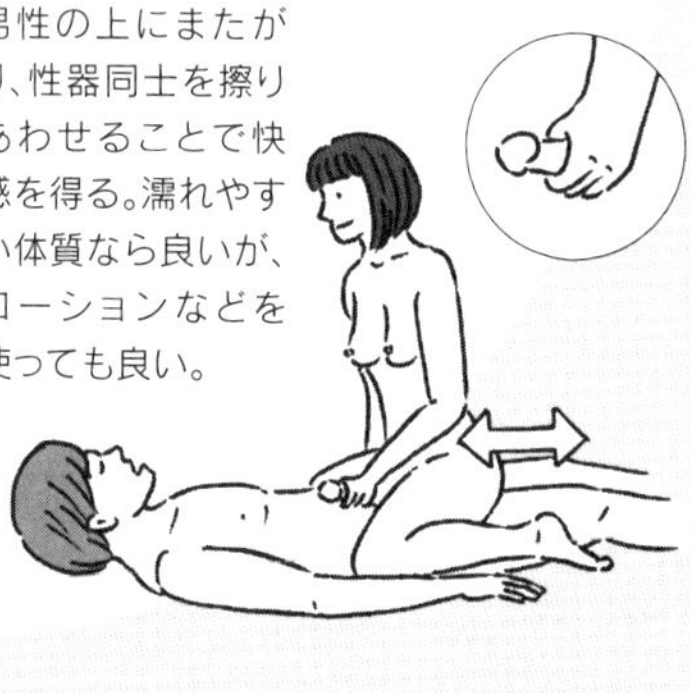

男性の上にまたがり、性器同士を擦りあわせることで快感を得る。濡れやすい体質なら良いが、ローションなどを使っても良い。

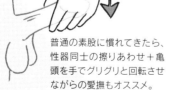

プチSMアイテム

SMっていうと、ちょっとハードルが上がる気がしますが、ソフトなSMプレイなら取り入れやすいと思います。特別なアイテムを購入しなくても、自宅にあるタオルとかアイマスクで簡単に楽しめるので、目隠しなんて取り入れやすいんじゃないかなと思います。

目隠しをして視覚を奪われることで、他の部分が敏感になりますよね。息を吹きかけたり、ソフトなタッチで焦らされると、次に何されるのか分からないので、すごくドキドキして、感度が上がります。

もうひとつ取り入れてほしいのが、拘束です。タオルで手を縛って、身動きがとれないようにします。自由を奪われることでされるがままになるので、興奮するんですよね。あと、縛っても剥がす時に痛くない、拘束プレイ用のテープもネットで販売されているので、気軽に拘束プレイが楽しめます。伸縮性があって強く縛りすぎて血が通わなくて手が痺れるなどの心配がなく、そのようなテープは良いですね。

また椅子に座らせて、M字に開脚した状態で椅子と足を縛ると、恥ずかしさと快感が一体になって、興奮度が上がってきます。このように椅子やベッドに縛り付けるプレイも良いですね。

身動きがとれないことで、じっくりと焦らしプレイが楽しめる。いつも以上に優しいタッチで、時間をたっぷりかけて愛撫しよう。

目隠しをすることで五感が研ぎ澄まされて、いつもより感度が上がる。愛撫中に愛の言葉を耳元で囁くのも効果的。

著者略歴

牛山幸（うしやま・さち）

1985年、長野県松本市生まれ。2015年から恋愛コンサルタント、婚活アドバイザーとして活動を始め、たくさんの女性から話を聞く中で、パートナーとのセックスに対する不安、不満の解決は必須と考え、性の悩みに寄り添ったアドバイスを積極的に行う。2000人以上の女性のセックスライフを研究し、パートナーとのセックスの満足度が高い女性たちは幸福度も高いことに気づき、セックスに対する女性たちの意見を集めながら、一度は誰もが体験したいオーガズム〝ナカイキセックス〟までの工程を導き出した。現在、YouTubeチャンネル「さっChannel」を中心に、女性のリアルなセックスについての思いをデジタルメディアで発信中。

ナカイキしたい二人《ふたり》のための
ロジカルセックス
イラスト完《かん》全《ぜん》図《ず》解《かい》

2020年9月29日　第1刷発行

著　者：牛山幸《うしやまさち》

発行者：森田浩章
発行所：株式会社　講談社
〒112-8001 東京都文京区音羽2-12-21
電話　編集 03-5395-3474
販売 03-5395-3608
業務 03-5395-3615
印刷所：図書印刷株式会社
製本所：株式会社国宝社

Printed in Japan ISBN978-4-06-521220-2